お金が増やせるのはどっち？

投資家思考の鍛え方

Thought of investor

How to train

角田和将
Kazumasa Tsunoda

SOGO HOREI PUBLISHING CO., LTD

はじめに

私は元々、お金については興味関心のない人間でした。
当時は多趣味だったこともあり、入ったお金はほぼ使い切ってしまい、貯金など皆無の状況。それでも、何だかんだ生きてはいたので、特にお金のことを勉強しようなどとは思わなかったのです。

そんな私が投資運用で資金を作って、気づけば会社員から独立して経済的自由も時間的自由も手に入れることができました。

投資を始めたきっかけは住宅ローンです。「趣味に没頭できる」など、心地よい営業トークに乗せられるがままに飛びついて、契約をしてしまったのです。しかも、お金の知識がなかったために、極めて不利な条件で契約していました。

「このままだと破綻する……」という危機感を覚え、お金の勉強を始めました。

勉強を進めていく過程で、私も含め、誰もが「お金は大事なもの」と思っているのに、お金の勉強をきちんとしている人は少ないということを実感しました。

確かに、世の中お金がすべてではありません。お金で解決できないことはいろいろあるでしょう。しかし同時に、お金で解決できることが多いのも事実です。

お金の勉強をすると、「老後は自己資金で2000万円必要」といった報道があっても、うろたえることなく将来の資金確保が可能になります。お金を理由に望まない行動や選択を強制されず、財政的に自立することもできるでしょう。

もっと言えば、お金の勉強によって、お金以外の手段でしか最終的に解決できなかったことを解決できる力も身につきました。**投資で成功している人とそうでない人で必ず見られる違いが「考え方」にある**ことに気づけたからです。

勉強の一環で、多くの投資家や事業者などの成功者とお会いしましたが、成功者は皆「独特な（普通の感覚とは違う）考え方」を持っていたのです。

たとえば、損をしたときに、普通の人なら凹《へこ》んで立ち直れずにいるところ、成功者は3秒凹んだら4秒後からは別人のように頭が切り替わっている、昨日と今日で言っていることが真逆といった、二面性のある行動を取ります。

裏表のある人には不信感を抱く人が多いと思いますが、成功者からすると状況変化に応じて常にベターを選択しているだけなのです。成功者は皆、極めて合理的な考え方を持っています。

このような考え方を持つことは一見難しそうですが、実はそんなことはありません。**新しい方法を自分で生み出し、習得する必要はなく、極めて合理的で、誰でも理解できる「成功者の考え方」を実践し続ければいいだけ**だからです。

本書では、投資の種銭《たねせん》を貯める貯金から、投資で資金をプラスにするところまで、すべてにおいて必要となる、お金の原理原則に関する考え方を紹介していきます。これらは、私自身がごくごく普通の〝貯金ナシ〟サラリーマンだったころから、お金で悩むことがなくなった今までの過程で学んできたもののすべてです。

いくら難しい金融知識や高度な投資テクニックを学んでも、根本的な思考ができていないと、成果は出ません。ましてや継続的に結果を出し続けることなど、ほぼ不可能でしょう。

投資家の考え方を身につけたところで、将来の株価がどうなるかは誰にもわかりません。しかし、株価が上がったとき、下がったとき、その両方の状況を想定し、対策を考えることはできます。どちらに相場が動いても状況に応じた行動ができる、つまり資金をプラスに増やすことができるのです。

私自身、多分野で活動しているので、経済評論家のような方々から見れば大したレベルではないように見えるかもしれません。

とはいえ、結果的にはお金に起因する悩みで時間を使うことはなく、お金の不安も解消され、経済的に自立した生活を送ることができています。それは私が金融のプロを目指そうとしたのではなく、**成功者が持つ考え方を素直に取り入れ、**

行動を続けてきたからです。

私も以前は手取り月給が20万円を切るレベルの会社員でした。そんな私でも人生を激変させることができたのです。ですから、今この本を手にしているあなたにできないはずがありません。

私は速読を通じた読書法や学習法なども教えているので、本書を最大限に活かす読み方を先にお伝えします。**お金の知識・経験レベルは、人によって大きな差があると思いますので、全員がはじめから読んでいく必要はありません。**

CHAPTER1では家計を赤字から黒字に変えて、投資の種銭を作るために必要な考え方を学んでいきます。そもそも投資に回せるお金がなくて困っている人は、最初から読んでいきましょう。

投資に回す資金はあるけれど、まだ投資をやったことがないという人はCHAPTER2から読み始めて構いません。CHAPTER2では投資を学ぶうえで必ず知っておかなければならない考え方について触れています。

ＣＨＡＰＴＥＲ３以降では、日常生活の中で投資力を鍛えるための、より実践的な考え方を紹介しています。投資経験はあるけれど、トータルで損失になっている人は、ぜひＣＨＡＰＴＥＲ３からお読みください。日常生活におけるマインドの持ち方、情報分析における思考法を、先に身につけてしまいましょう。最後まで読み終えた後、理解できない考え方が出てきたら、ＣＨＡＰＴＥＲ１、２の問題に戻り、根本的に共通する考え方について考えてみてください。


本書を読み終えた後、成功者に共通する考え方をきちんと実践していただければ、あなたの人生はより良い方向に激変することでしょう。

ぜひこの本で〝正常な金銭感覚〟を身につけ、お金で苦しまない人生をぜひ手に入れてください！

そして最終的には、お金の心配をせず、「本当にやりたいことをやれる」ようになってもらえたら、著者として、これ以上の喜びはありません。

CHAPTER 2

これだけは知っておこう！投資力を育てる前提知識

CHAPTER 3

日常生活にヒントがある！お金を増やす投資力を鍛える

CHAPTER 4

情報分析と判断がカギ！お金が貯まる思考力を鍛える

装丁：別府拓（Q.design）／装画&本文デザイン：木村勉
図表&DTP：横内俊彦／イラスト：土屋和泉／校正：髙橋宏昌

CHAPTER

1

貯金習慣が身につく！お金の基礎知識

好きなことをするためにも、安定した生活を送るためにも、投資を始めるためにも、お金は必要です。お金を貯めるには、習慣を変えることが大切です。そして習慣を変えるには、うまくいっている人の習慣を知ることが第一歩になります。

Q1

安定してお金が貯まる人がやっていることはどっち?

A 理想の目標を立てる

B 現状を把握する

A

ANSWER

B

現状を把握する

自分が何にいくらお金を使っているのかを把握できれば、対策を考えることができます。しかし現状を把握しないまま何かしても、長続きしません。すぐに飽きてしまいます。

まずは「お金の流れ」を把握して現状を知り、その現状に対してどのような行動を起こせばいいか、考える時間を作ることが大切です。

毎月いくらあれば暮らしていけますか？

皆さんにとってお金は大切なものですか？

おそらく、こう聞かれて「NO」と答える人はほとんどいないと思います。

では、お金について勉強したことがあるでしょうか？

おそらく、多くの人がきちんと学んだことがないのが現実だと思います。

ですが、勉強する時間は取れなくてもできることがひとつあります。

それは、「**お金の流れを把握すること**」です。

私が教える生徒で結果を出している人は、必ず、毎月必要な金額と自由に使える金額を把握しています。自分が何にいくらお金を使っているのかを把握できれば、どうすれば増えるか、対策を練ることができます。

お金に強くなりたいのなら、まずは「お金の流れ」を知り、現状を把握すること。それからどう行動すればいいか、立ち止まって考えてみることが大切です。

時間もお金と考える

お金の流れを可視化しようというと、反射的に「家計簿をつけないと」と思う人も多いのではないでしょうか。しかし、家計簿をつけ続けられる人は、現実にはかなり少ないのではないかと思います。

私自身、あるときから家計簿をつけるのをパタリとやめました。代わりに、〝あるもの〟で代用することにしたのです。

その〝あるもの〟とは、**クレジットカードの明細書**です。

きっかけは、毎月送られてくる紙の明細書を見たときでした。ふと、「これって家計簿と同じじゃない？」と思ったのです。すべての支払いをここにまとめれば、自動的に家計簿ができあがるのではないかと。

しかもクレジットカードは、一括払いの場合、手数料はかかりません。さらに、多くのカード会社では、利用額に応じてポイントなどがもらえます。

自分の時間を使わずしてお金の流れを可視化できるうえに、ポイントまでもらえる。こんなにお得なことがあるでしょうか。ちなみに家計簿を自分でつけるのをやめてから、困ったことは一度もありません。

家計簿をつけずに支出金額を知る方法

ここでちょっと考えてみましょう。

毎月レシートをまとめておいて、月1回、家計簿をつけるとします。1日分が1分だとしても約30日分ですから、30分かかります。働いている人が、家に帰ってから30分という時間を捻出するのは、なかなか厳しいものがあると思います。ましてやお子さんがいる人だと、自分の時間を作るのはかなり難しいでしょう。

レシートの枚数が多ければ多いほど、計算することと書くことに気を取られてしまい、結局何にいくら使っているのかわからなくなってしまいます。

最近では電気代、水道代、ガス代、携帯電話代など、ほとんどのものをクレジットカードで支払うことができます。一気に集約させることはできなくても、少しずつ移行させてみてはいかがでしょうか。

❶ まずはできるだけ支払いをクレジットカードに集約する
❷ どうしてもまとめることができない固定費（家賃など）は口座引き落としにする

この2点を行うだけで、家計簿をつけなくても、ざっと支出を明確にできるシートができあがります。くり返しになりますが、**まずは支出を「可視化」することが大切です**。ぜひ今日から始めてみてください。

なおクレジットカードのウェブ明細書は、クレジットカード会社のホームページから申し込むことができます。

図1　クレジットカードのウェブ明細書の例

利用日	利用先	利用金額
2024/11/03	Amazon ダウンロード	525
2024/11/05	リストランテ SUIDO	9,650
2024/11/07	セブン - イレブン	777
2024/11/09	イオン	1,490
2024/11/11	マルエツ	835
2024/11/13	紀伊國屋書店	1,260
2024/11/15	TSUTAYA	560
2024/11/17	ドトールコーヒー	380
2024/11/19	マルエツ	945
2024/11/25	ツノダカズコ（家賃）	78,000
2024/11/25	東京電力	3,245
2024/11/25	町田ガス	1,446
2024/11/30	KDDI 料金	12,060
合計		111,173

今月は、いくら使えますか？

Q2

お金が貯まったら、どっちの行動を取る？

A 銀行へ預金する

B 貴金属や不動産など、現金以外のものに換える

A

ANSWER

B

貴金属や不動産など、現金以外のものに換える

銀行へ普通に預金しても利息は0・02％（2024年時点）。100万円預けたとしても、年間200円にしかなりません。ですが、高値で売れるものに換えておくと、いざお金に困ったときに売って現金を手にする際、利息よりもはるかに高い値段で売れる可能性があります。買ったときの金額以上のお金を手にできるチャンスが広がっていくのです。

リスクを減らすために買う

ふだん資産家の人とお会いすると、たいてい必要最低限の現金しか持ち歩いていません。また、貯金額が必ずしも多いわけでもありません。

お金は持っているはずなのに、いったいどういうことなのでしょうか？

多くの人はお金を稼ぐと、ある程度は使って、残ったお金を銀行に預けるかと思います。

しかし資産家は、意識してお金を使います。お金を資産価値のあるものにどんどん換えていくのです。

では、なぜわざわざ資産価値のあるものに換えるのでしょうか。

「お金があるからでしょう」と思うかもしれませんが、それだけが理由ではありません。

「ちょっと先」を見据えているのです。

極端な例ですが、たとえば3万円で、限定品の時計を買うとします。この時点ではマイナス3万円です。しかし、この時計の価値が上がって3万円以上の価値を持ったとします。そのとき売った場合、買ったときよりも高い金額を手にすることができます。

つまり**お金が〝別のもの〟に形を変えただけなのです。貯金だけでは手にできない価値を手に入れている**のです。

〝別のもの〟とは、時計以外にも、株券や貴金属などがあります。フェラーリなどのスーパーカーを買って、乗らずにガレージで保管しているのも同じことです。

お金が必要なときはこれらをお金に戻し、さらに価値の高いものに換えれば、手にする価値はますます高くなります。どんどんお金が増えていくわけです。

周りの人から見ると「お金を使っている」ように見えますが、実は「お金を貯

10000
10000
限定
デザイン
価値が
上がり
そうな
時計を買う
BANK
銀行に預ける
OK!
2万で
ゆずって
10000
10000
BANK
10000
1万円→2万円
1万円→1万円

める」ことになっているのです。お金持ちがやっていることは、まさにこれです。

お金を価値あるものに換え、その資産価値が増えると、結果的にはお金をたくさん持っている状態となります。そのため、「現金を見せて」といっても、実際にはそこまで多くの現金を見せられるわけではありません。その代わり、**持っているものをいつでも現金化できる強みがある**のです。

お金だけで持つリスクって？

たくさんの札束を持っていたとしても、お金の価値そのものが下がってしまった場合、その札束は紙切れ同然になってしまう大きなリスクがあります。

２０１５年、スウェーデンで新紙幣・硬貨が導入され、２０１７年6月30日までに新紙幣に交換しなければ、旧紙幣は紙切れになってしまうというものでした。

またインドでも２０１６年に「高額紙幣（１０００ルピー札、５００ルピー札）を4時間後から新札に切り替えます」という報道があり、旧紙幣が突然使えなくなる事態となりました。

旧紙幣を新紙幣に交換する枚数も1日あたりの上限があり（2016年11月18日時点で1日2000ルピーまで）、銀行口座から新紙幣を引き出すのも上限が設定されました（同日時点で週2万ルピーまで）。

これは旧紙幣を国が集め、新紙幣に移行することで、タンス預金を悪用した脱税を取り締まる目的などがあったそうです。

しかしその結果、普通に預金していた、まったく悪用をしていない人も巻き込まれることになってしまったのです。

これを対岸の火事だと思っていたら大間違いです。

日本も戦後、お金がないときに、国民の預金を半ば強制的に没収した過去があります。「そんなこと、今の日本じゃ起きないだろう」と思う人も多いかもしれませんが、ここで知っておいてほしいのは、**お金は、国のトップが一言発するだ**

けで簡単に価値が変わってしまうものだということです。

今あなたが持っているお金が、いつ、どのような形で価値が暴落するかは誰にもわかりません。だからこそ、お金に代わる価値あるものは何かを探すことが重要です。**未来への危機を感じている人ほど、お金を資産に換えています。**

「お金の多寡」＝「あなたの価値」ではない

お金をたくさん持っているからといって、欲しいものが手に入るわけではないということを、忘れてはいけません。

「これは1万円札だ」と誰もがわかっているから、ただの紙が「1万円の価値がある紙」になります。もし、日本円で100億円を持っていたとしても、円の使えない国に行けば、それは無用の長物です。円でものを買おうとしても、買うことはかないません。現地の人が欲しいのは、現地の通貨だからです。

見方を変えれば、お店で買い物をするともらえるポイントなども、すべてお金と考えることができます。なぜなら、ポイントで欲しいものを手に入れられるからです。**何も、紙幣や硬貨だけがお金ではない**のです。

現金を貯めることばかり考えると「本当に貯金、足りるのか……」と、漠然とした不安に悩まされてしまいます。お金のことは、欲しいものを手にすることと資産を増やすこと（＝将来のタイミングで欲しいものを手にできること）を主軸としながら考えましょう。

100

Q3

収入増を狙うならどっち？

A 本業と副業で収入を増やす努力をする

B 本業一本に集中して収入を増やす努力をする

A

ANSWER

A

本業と副業で収入を増やす努力をする

仮にあなたが会社員で収入を増やしたくても、限界があります。職種にもよりますが、上限は年収1000万円。しかし、日本で年収1000万円を超えている人は、労働人口全体の約5%です。自分で稼げる柱を複数持っておくと、収入額は少なくても、より早く、多く収入を増やせます。いざというときにも焦りません。

本業一本で収入を増やすには限界がある

お金を増やすためにはどうしたらいいでしょうか？

答えはシンプルで、「収入を増やす」か「支出を減らす」ことです。

「収入－支出」の計算結果がプラスになればなるほどお金は増えていきますし、マイナスになればなるほど減っていきます。そのため、支出を減らすことに意識を向けている人はとても多いです。しかし、収入を増やすことに意識を向けている人は、多くはありません。また仮に収入を増やすことに意識を向けていたとしても、本業を頑張ることで給与をアップさせようと考える人が多数です。


本業を頑張ることはもちろん大切なことですが、**会社員である限り、昇給で収入を増やすのは、なかなか厳しいものがあります。**

業界の市場規模や職種などによって差はありますが、連合の春闘第2回集計結果（2024年）によると、中小企業の平均賃上げ率は約4・5%。額にして月額1万2000円弱です。完全歩合給の保険営業や不動産営業でない限り、昇給で大幅に給与を増やすのは、かなり難しいでしょう。初任給の平均総支給額は20～30万円であることと、この昇給額を比較して考えると、年収1000万円くらいが現実的な上限になると思います。

しかし、年収1000万円を超えている人は、労働人口全体の約5%。実に100人に5人の割合です。かなり高い競争倍率であるうえに、そもそも給料は、あなたの職場が未来永劫存続することが絶対条件で支払われるものになります。**会社が潰れてしまえば、給料自体が支払われない可能性も十分ある**のです。

稼ぐ人は買った「後」のことを考えている

そう考えると、自分で稼げる柱を複数持っておくと、いざというとき安心です。また、収入額は少なくても、より早く、多く収入を増やせます。

収入源が1本の人
①
会社
昇給やボーナスでお金が増える
もっとがんばるぞ！
収入源が複数の人
①
会社
②
株式投資
昇給やボーナス
＋
投資
で
お金が増える

たとえば子どものおもちゃを買う場合、おもちゃを買うこと自体は〝支出〟になりますが、収入を増やす意識がある人は支出だけでは済ませません。おもちゃを購入後、子どもが飽きたのを見計らってフリーマーケットやネットオークションで売り、「支出」を「収入」に変えるところまで行っているのです。

もちろん大半は、買ったときより安い金額で売れることになると思います。しかし**微々たる金額であっても、収入は収入**です。本業以外のルートから現金を手にしていることに変わりはありません。

身近な例を挙げましたが、いわゆる株なども、買った株を売って、また新しい株を買う……というふうに、基本的には持ち物を売って収入を得ています。

皆さんの置かれている状況はさまざまだと思いますが、**収入を増やし、貯金額を増やすためには、ひとつの収入を大きく増やすよりも〝収入の流れ〟を増やすことが大切です**。ここに意識を向けることが重要だと、まずは認識しておきましょう。

Q4

支払う方法としてベストなのはどっち？

A 現金

B クレジットカードや電子マネー

A

ANSWER

B

クレジットカードや電子マネー

現金を使うと、お金をやりとりする手間や、後で家計簿をつける手間が発生します。一方クレジットカードは、支払いの履歴が一発で把握できます。電子マネーも、チャージをクレジットカードで行えば、使った履歴がわかります。いずれも使い勝手の良い支払いツールです。

お金の流れが可視化できる支払い方法を

私は、ものを買うときの支払い方法として、クレジットカードをおすすめします。何にいくら使ったか、明細書に記録が残るからです。

とはいえ、「現金のほうが、財布の中を見ていくら使っているかわかるから安心」という人も多いと思います。ですが、今まで現金で支払っているのにお金が貯まっていないのなら、現金を使うことが、特にプラスにはつながっていないといえます。それであれば、支払いの手段を思い切ってクレジットカードに変更するのもひとつの手です。

「でも、少額の支払いでクレジットカードを使うのは恥ずかしい」という人は、電子マネーやQRコード決済などのスマートフォン決済サービスを使うといいでしょう。

今では電子マネーに対応するお店は非常に増えました。電子マネーのチャージはクレジットカードでもできます。よく行くお店で使える電子マネーを用意し、チャージをクレジットカードで行えば、手間なくお金の流れを可視化できます。

内訳はどうする？

ただ電子マネーにすると、「(明細書が出てこないので)何に使ったのかわからない」「コンビニで買ったおやつなのか、交通費なのか、内訳を把握したい」などと感じる人もいるかと思います。

しかし現時点であなたのお金が増えていないのだとしたら、まずはお金を毎月どれだけ使っているか、大枠であっても把握するほうが先決です。細かく分けるのは、支出を可視化することが習慣になってからでも十分間に合います。

「それでもちょっと……」という人は、やはり「ペットボトルの水１１０円」「缶コーヒー１４０円」のように細かく家計簿につけていくことになります。そ

図2 電子マネーの種類と特徴

電子マネー名	nanaco（ナナコ）
運営会社	セブン・カードサービス
使用できる場所	セブン-イレブン、イトーヨーカドー、デニーズほか
URL	https://www.nanaco-net.jp

電子マネー名	WAON（ワオン）
運営会社	イオンリテール、イオン銀行
使用できる場所	イオン、マックスバリュ、まいばすけっと、ピーコックストアほか
URL	http://www.waon.net

電子マネー名	Suica（スイカ）
運営会社	JR東日本
使用できる場所	JR東日本の駅構内、ローソン、ドン・キホーテ、ビックカメラほか
URL	http://www.jreast.co.jp/suica/

電子マネー名	楽天Edy（エディ）
運営会社	楽天Edy
使用できる場所	コンビニ、ららぽーと、マツモトキヨシ、マクドナルドほか
URL	http://edy.rakuten.co.jp

電子マネー名	iD（アイディ）
運営会社	NTTドコモ、三井住友カード
使用できる場所	コンビニ、家電ショップほか
URL	http://id-credit.com/index.html

（2024年4月時点）

れだけでもかなりの時間を要するのではないでしょうか。

私が現金よりクレジットカードをすすめる理由

ここまでお伝えしても、「クレジットカードを使いたくない」という現金派の人もいるかもしれません。ですが、現金で支払うと、後でレシートなどをチェックしなければならないため、自分の時間を割くことになります。

人は基本的に、面倒だと思ったことを継続することができません。税理士などのように、領収書をまとめてくれる人に依頼できればいいと思いますが、身近に信頼できる人がいないとなかなか頼みづらく、結局は自分でまとめるしかない人がほとんどだと思います。

支払いの履歴がわかるクレジットカードや電子マネーこそ、忙しい現代人にとって使い勝手のいい支払いツールといえます。

Q5 お金の貯まるATMの使い方はどっち？

A そもそも使わない

B お金を「預ける」ために使う

A

ANSWER

B お金を「預ける」ために使う

クレジットカードや口座引き落としですべての支払いが完結すると、ＡＴＭで現金を引き出すことがほとんどなくなります。どうしても現金が必要になる場面を想定して引き落とす際も、「引き出しは2〜3カ月に1回」などと決めておくと、むやみに引き出すことがなくなります。手数料の心配もいりません。

ただ、現金を使って出たお釣りを預けようと思っても、硬貨の場合、枚数によっては手数料がかかってしまうので、このような面からも現金での支払いは避けたほうがいいわけです。

9割の人がやっていないATMの使い方

よくＡＴＭでお金を引き出そうする人たちを見かけます。特に毎月25日や月末の給料日、偶数月15日の年金支給日は大混雑。時間帯によっては、大行列になっているところもあります。ですが、その行列に並ぶ時間がもったいない。たかが数分ですが、されど数分です。

しかもＡＴＭは、利用手数料がかかります。平日8時45分～18時は無料というところも多いですが、それ以外の時間帯はかかります。１１０円、２２０円など、金額そのものは決して大きくありませんが、ちりも積もれば大きな金額になります。さらに今後は手数料が上がる可能性もあるので、注意が必要です。

また、無料で引き出せる時間帯は、会社員として働いている人には厳しいと思います。外出できる時間のランチタイムに集中しやすいため、待ち時間もなかなかのものです。

しかし**クレジットカードや口座引き落としですべての支払いが完結していると、ＡＴＭで現金の引き出しや振り込みをすることがほとんどなくなります。**

現金払いしか対応していないお店もあるのでたまに引き出すことはあるかもしれませんが、先ほどお伝えしたように「引き出しは2～3カ月に1回」と決めておくと、むやみに引き出すことがなくなります。

ではＡＴＭはまったく使わないかというと、そうではありません。「貯金箱」として利用するのです。

私は現金を使ったときに発生するお釣りが多くなったらＡＴＭで預けています。しかも、近くにあるＡＴＭで、混んでいない時間帯にだけ利用するので、待ち時間もなく、スムーズです。

ただ一点、硬貨を預け入れる際、枚数に応じて預入手数料がかかることが一般化している点には注意が必要です。以前は預け入れに手数料はかからないのが一

クレジットカード
メインの人
現金メインの人
CREDIT CARD
ATMで
お金を
ATM
「預ける」がメイン
「引き出す」がメイン
月末ATMに
31
並ばない
すい〜
イライラ
並ぶ

般的でしたが、現在は大量の硬貨を預け入れるのにお金がかかるようになってしまいました。こうなってくると、ＡＴＭは極力使わないほうがいいですよね。

ＡＴＭを使わず、**クレジットカードや銀行口座の明細上に支出の流れをすべてまとめることで、「時間を生み出すこと」と「お金の流れを可視化すること」の両方を同時に実現でき、ムダな手数料や手間がかからずに済みます。**

ネットバンキングを使えば安全&時短に

今やネットを使えば、銀行やＡＴＭに行かなくても、振り込みや入出金明細の確認ができます。

現金を使わない環境を整えれば、時間を節約できます。銀行に行って、並んで待つ時間にスマホでＳＮＳを見ながらダラダラと時間をムダにするくらいならば、自分がやりたいことにその時間をもっと有効活用してはいかがでしょうか。

ネットバンキングを利用するのに抵抗がある人は、たいてい「セキュリティが心配」と言います。そういった人はまず、現金を持ち歩くことに対するセキュリティも考えてみてください。

たとえば、振り込むために現金を引き出した後、現金が入ったカバンを置き忘れてしまったり、お札を紛失してしまったりしたとしましょう。それを補償してくれる人はどこにいるでしょうか？

親切心から警察に届け出てくれる人がいるかもしれませんが、おそらく多くの場合は紛失したまま戻ってこないでしょう。もしその紛失が盗難によるものだったとしたら、まず返ってくることはありません。

しかし、ネットバンキングには、特別にお金をかけなくても補償してくれる仕組みがあります（銀行口座に対して、偽造カードなどで不正に出金をされた場合など。各行による）。また、紛失が発覚した時点でネットバンキングの喪失受付センターに連絡すれば、利用を停止してくれます。

ネットバンキングは通常の口座取引とは異なり、口座情報のアクセスに対する

ネットバンク
CARD
カードを落とした
Stop
電話すれば
使われないようにできる
安心
現金
現金を落とした
拾ってくれた人の
良心に期待
ほとんど届けられない

管理責任は本人に求められますが、不安に思う必要はありません。基本的にはキャッシュカードの暗証番号を守るのと同等の、極めて当たり前のことをやるだけです。

たとえば、パスワードを他人に推測されにくいものに設定したり、パスワードをメモに書いて無造作に置いたりしないことです。

紙に書いておかないと忘れてしまうという人は、パスワードのヒントをメモに書いておき、自分で決めた法則に従って脳内で変換すれば、仮にそのメモを他人に見られたとしてもそのままでは使えないようにできます。

わかりやすく例を挙げると、「123456」をパスワードとして紙にメモしておいて、実際にはその前後を脳内で変換して「623451」と設定する、といった感じです。

最近、ネットバンキングでは新しいパスワードを毎回自動生成してくれるツールを導入するなど、力を入れてセキュリティ対策を強化しています。気になる人はこういった取り組みを調べ、各行で比較して安心できる金融機関に口座を持つのがいいでしょう。

ATMに並ばなくなったからといって、すぐにお金が増えるわけではありません。しかし、時間は買うことができない、貴重なものです。大切な時間をどこに振り分けるのか考えることは、とても大事なことです。

時間があれば、勉強することも、何かに取り組むことも可能です。勉強して、お金の稼ぎ方のスキルが身につき、実際に行動することもできれば、収入も増えるでしょう。お金の使い方のスキルが身につけば、より良い人生を送ることもできると思います。

小さなことですが、時間をより有効活用できる手段を選択してみてください。

Q6 クレジットカードを持つなら何枚がベスト？

A 3枚以内に絞る

B よく利用するお店の分だけ持つ

A

ANSWER

A

3枚以内に絞る

国内だとVISA、JCBの使える提携カードがおすすめです。それぞれ1枚ずつ持っていると、どちらかは使えることが多いからです。もう1枚は海外に行くときの保険として持っておくと安心です。マスターカードやアメリカン・エキスプレス、ダイナースクラブカードなどが当てはまります。

「保険」としてのクレジットカード

クレジットカードはさまざまな会社から発行されていますが、**国内だとＶＩＳＡ、ＪＣＢの使える提携カードがおすすめ**です。クレジットカード対応店であれば、どちらかは使える場合が多いからです。

カードは、自分がよく使うサービスを提供しているかどうかを基準に選ぶといいでしょう。使えば使うほどポイント等が加算されますので、使用頻度を基準に、最もよく利用するお店のカードを選びましょう。

加えて「３枚」持つことをおすすめする理由は、海外対策です。**持っている２枚のカードが万が一海外で使えなかった場合、３枚目のカードが保険になる**からです。

具体的には、マスターカードやアメリカン・エキスプレス、ダイナースクラブカードを持っていると安心です。

もちろん海外に行く機会がほとんどない人は2枚で十分です。

私もVISAとJCBをそれぞれ持っていますが、出張が多い人はJALカードやANAカード、VIEWカードやJR東海エクスプレス・カードなどを作り、マイルやポイントを集約して、効率よく貯めていきましょう。

クレジットカードを作りたくない人はどうする？

なお、クレジットカードを作りたくない人は、**「J-Debit」（デビットカード）**を利用する形でもいいかと思います。

デビットカードとは、銀行のキャッシュカードがそのまま支払いにも使えるというものです。支払った時点で即、銀行口座から使った金額が引き落とされます。多くの銀行と提携しているので、手元にあるカードが使えるかどうか、確認してみてください。ただし、日曜の夜中など、使えない時間帯もあるので注意が必要です。

図3　デビットカードの仕組み

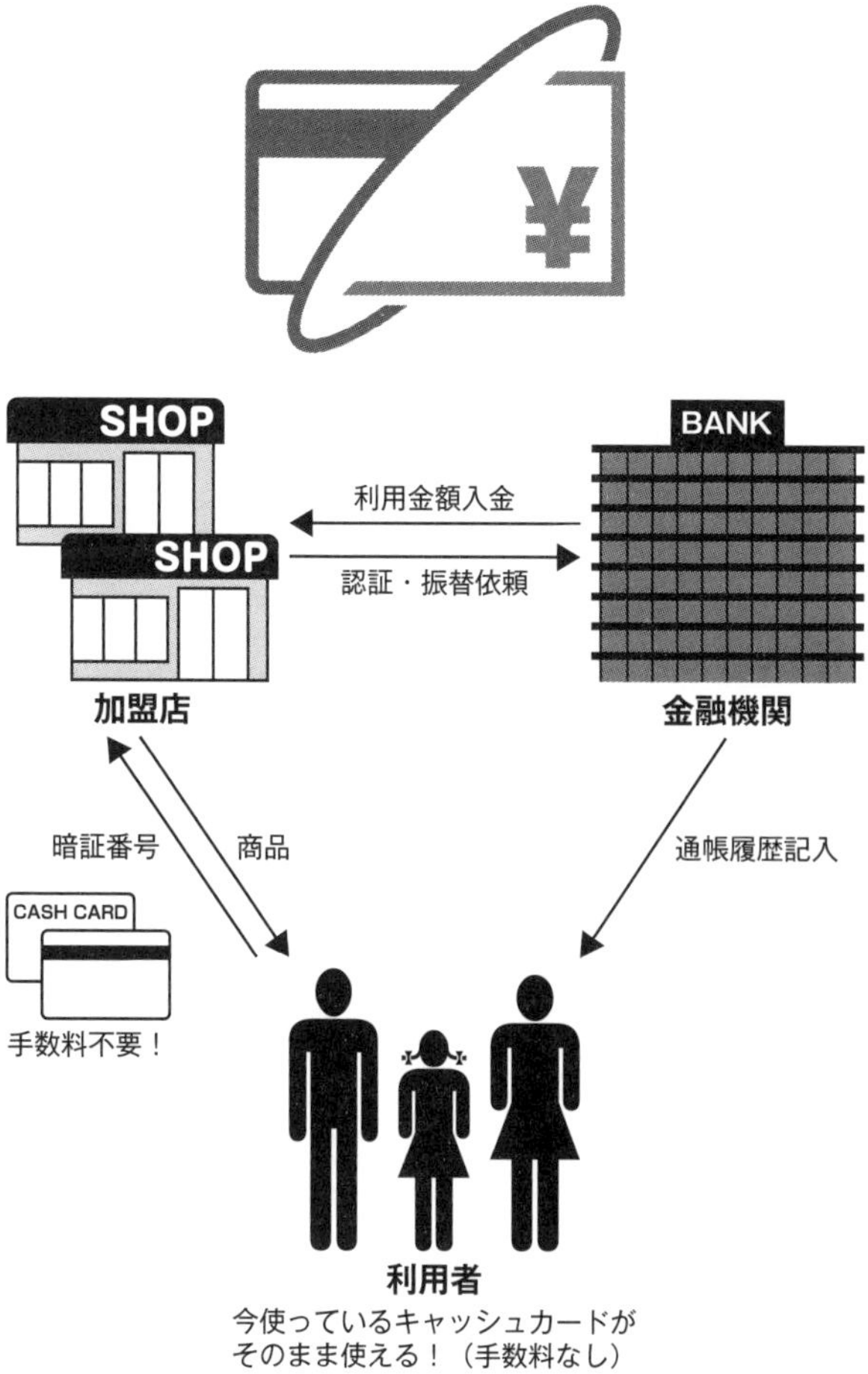

基本的には銀行口座から直接支払いをしているので、現金第一主義の人でも使えるカードだと思いますし、デビットカード自体は審査もなく、15歳以上の人なら誰でも作れるメリットもあります（クレジットカードは18歳以上かつ審査もある）。もちろん、明細書も発行できます。ただ、デビットカード利用時のポイント還元率は、クレジットカードのほうが良いです。

またデビットカードは、種類によってはクレジットカードと比較して利用できない場所が多い点や、クレジットカードを新規で作る際に必要となるクレジットヒストリー（クレジットカードを利用してきた履歴。別名クレヒス）を構築できないなどのデメリットもあります。

一長一短ですが、私は利便性やクレヒス構築の面を優先してクレジットカードを活用しています。クレジットカードの明細書を見てはじめて使った金額の多さに驚いているような人は、**まずデビットカードを使って毎回口座から引き落とされるお金の流れにすると、危機感が増していいかもしれません。**

Q7

お金が貯まるクレジットカードの使い方はどっち？

A カード会社が設定した利用限度額に沿って使う

B 利用限度額を自分で設定し直す

A

ANSWER

B

利用限度額を自分で設定し直す

クレジットカードには、あなたの年収に応じた利用限度額が設定されています。ですがその利用限度額が高いと、限度額いっぱいまで際限なく使ってしまう可能性があります。そのため、自分のふだんの支出額に見合った金額を自分で設定し直すことをおすすめします。そうすることで使いすぎを防げますし、万が一の際のリスク対策にもなります。

クレジットカードの使いすぎを防ぐ方法

クレジットカードの利用限度額はいくらに設定するのがいいのでしょうか？

目安は、毎月の平均支出額です。

たとえば毎月の支出が合計20万円で、クレジットカードはAとBの2枚を持っていると仮定します。

Aカードをよく使う場合は、Aカードを支出額満額の20万円に、もう1枚のBカードを10万円に設定しておきます。そして支払いはすべてメインのAカードで行うようにし、Aカードが使えないお店や一時的に支出が増えた月はBカードを使うようにします。

こうすることで、カードが上限額いっぱいで使えなくなる事態を防げるほか、使いすぎる事態を防ぐこともできます。

ただ注意が必要なのは、**利用限度額を一度下げると、上げるのには改めて審査**

が必要となる点です。つい使いすぎてしまう人にとっては非常に有効な手段となる一方、もう一度上限額を上げる場合は審査に時間がかかるので、限度額は下げすぎないように気をつけましょう。

移動が多い人は注意を！

もうひとつ注意が必要なのは、旅行に行く機会が多い方や出張費を立替精算している人です。

移動費用は何千円、何万円単位でかかりますから、あまり利用限度額を低くしてしまうと、移動頻度の多い月はすぐ上限に達してしまい、ホテルに泊まれなくなるという事態にもなりかねません。少し余裕を持って設定しておくか、あるいは指定月のみ利用限度額を上回ることのできるサービスを活用するのもひとつの手です。

1枚のカードは出張（旅行）専用にして、月平均の出張費より少し多めに設定

しておくというやり方もおすすめです。

キャッシングはできるだけ使わない

クレジットカードには「キャッシング機能」がついています。

キャッシングとは、クレジットカードを使ってお金を借りることを指します。買い物ができるキャッシュカードのようなイメージです。ＡＴＭでお金を借りて引き出せるので、急な出費の場合などに便利です。しかし、このサービスの利用限度額は極力ゼロに近づけるようにしてください。

なぜなら、**キャッシングには、当然ながら「利息」がつく**からです。

利息は、カードの種類やカード会社によっても異なりますが、高金利だと年18％程度です。仮に10万円をキャッシングした場合、利息は10万円×18％＝1万8０００円になります。よって返済額は10万円＋1万8０００円＝11万8０００円。借りた金額以上の金額を返さなければなりません。これであれば、銀行の利用手数料はかかっても、普通に銀行から引き出したほうがいいと言えます。

分割払い（希望の支払い回数に応じて支払う）やリボ払い（月々一定の金額を支払う）をしないのと同様、利用しないことを前提に考えましょう。

なぜキャッシングを「使ってはいけない」と言わないのか。それは現金しか使えない場合もあるからです（特に海外）。緊急時にキャッシングできないと、どうすることもできなくなるリスクがあります。

この状況が想定される人は、過去を遡《さかのぼ》って一度の出張でかかりうる金額を確認し、そのうえでキャッシング額を設定しておきましょう。

そしてキャッシングをしたときは、1秒でも早く返済して、最小限の利息支払いで済ませましょう。

Q8

キャッシュカードを持つなら、何枚がベスト？

A できるだけ多く（5枚以上）

B できるだけ少なく（3枚以内）

A

ANSWER

B

できるだけ少なく（3枚以内）

キャッシュカードもクレジットカード同様、基本はなるべく枚数を絞るようにしましょう。

ただ、職場から給与の振込金融機関を指定される場合や、希望する金融機関がクレジットカードの引き落とし口座に対応していない場合もあるので、口座は複数持つことをおすすめします。3つもあれば十分です。キャッシュカードも3枚でいいかと思います。

用途によって口座を分けよう

銀行口座は、用途ごとに、3つ持つことをおすすめします。具体的には、

❶ 引き落とし口座
❷ 日常利用口座
❸ ネットバンク口座（振り込み専用の口座）

の3つです。3つの用途をひとつの口座ですべて満たせるのであればそれでもいいですし、別々の金融機関で口座を開設し、分けて管理してもOKです。

①引き落とし口座

まず、**家賃やガス代、電気代など、毎月必要な生活費を支払うための「引き落**

とし口座」を作りましょう。これは給与振込のための専用口座にするといいでしょう。

通帳は毎月記帳し、何にいくら払っているのか、把握することが大切です。そのため、自宅の近所など、すぐ行ける場所にある地方銀行（以下地銀）、もしくは信用金庫（以下信金）などがいいと思います。

もちろん、近くに都市銀行（以下都銀）しかない場合はそれでも問題ありませんし、ネットバンクが給与振込に対応していれば、それでも構いません。

なおこの口座は「引き落とし専用口座」なので、極力引き出す回数を減らしましょう。ここから**現金を引き出すのは、次に紹介する「日常利用口座に入金するための引き出しのみ」と決めます**。2～3カ月に1回ほど、現金払いに必要な金額をまとめて引き出し、それ以外は引き出さないようにします。

クレジットカードやデビットカードの支払いをメインにすると、基本的に現金で高額を支払う機会はほとんどなくなります。

ＡＴＭで現金を引き出す機会が多ければ多いほど、ムダづかいの機会を増やすことにもなります。そのため現金を引き出す際は、❷日常利用口座に一度移動して、その中で別々に管理するほうが、変化を把握しやすくなるかと思います。

②日常利用口座

２つめは、**現金を預け入れたり引き出したりする、現金対策用の口座**です。

特に旅行や出張の多い人は「ゆうちょ銀行」の口座をおすすめします。移動が多いと、全国でお金の預け入れ、引き出しを行うことになります。その点、ゆうちょ銀行は全国に拠点があり、かつ基本的に手数料がかからず、利便性が高いです。ただし、預け入れの上限が１３００万円（通常貯金）なので、それ以上の範囲で現金を使う方は都銀を選択するといいでしょう。

あまり出張がない人は地銀や都銀、信金などでも問題ないかと思いますが、ＡＴＭを使う場合、時間帯によって手数料がかかることを忘れないでください。

ネットバンクは、その手数料が無料という場合もあれば、条件次第では手数料が多くかかる場合もあり、差が大きくなる傾向があります。最寄駅のコンビニのATMにも対応していて、かつ手数料も無料（または安い）なのであれば、ネットバンクを検討してみましょう。

③ネットバンク口座

この口座は必須というわけではありませんが、「振り込み専用の口座」として持っておくと便利です。わざわざATMに並ぶ必要がなくなりますし、同行間での振込手数料が格段に安くなります。無料のところもあるので、持っておいて損はないと思います。

先に紹介したゆうちょ銀行の場合、ネットバンクと同レベルのサービス（ダイレクトサービス）があるので、兼用として使うのもいいでしょう。また利用者数が多い住信SBIネット銀行や楽天銀行、ソニー銀行等も便利です。振り込みの機会が多い相手先に合わせて選択してください。

図4　銀行口座の使い分け

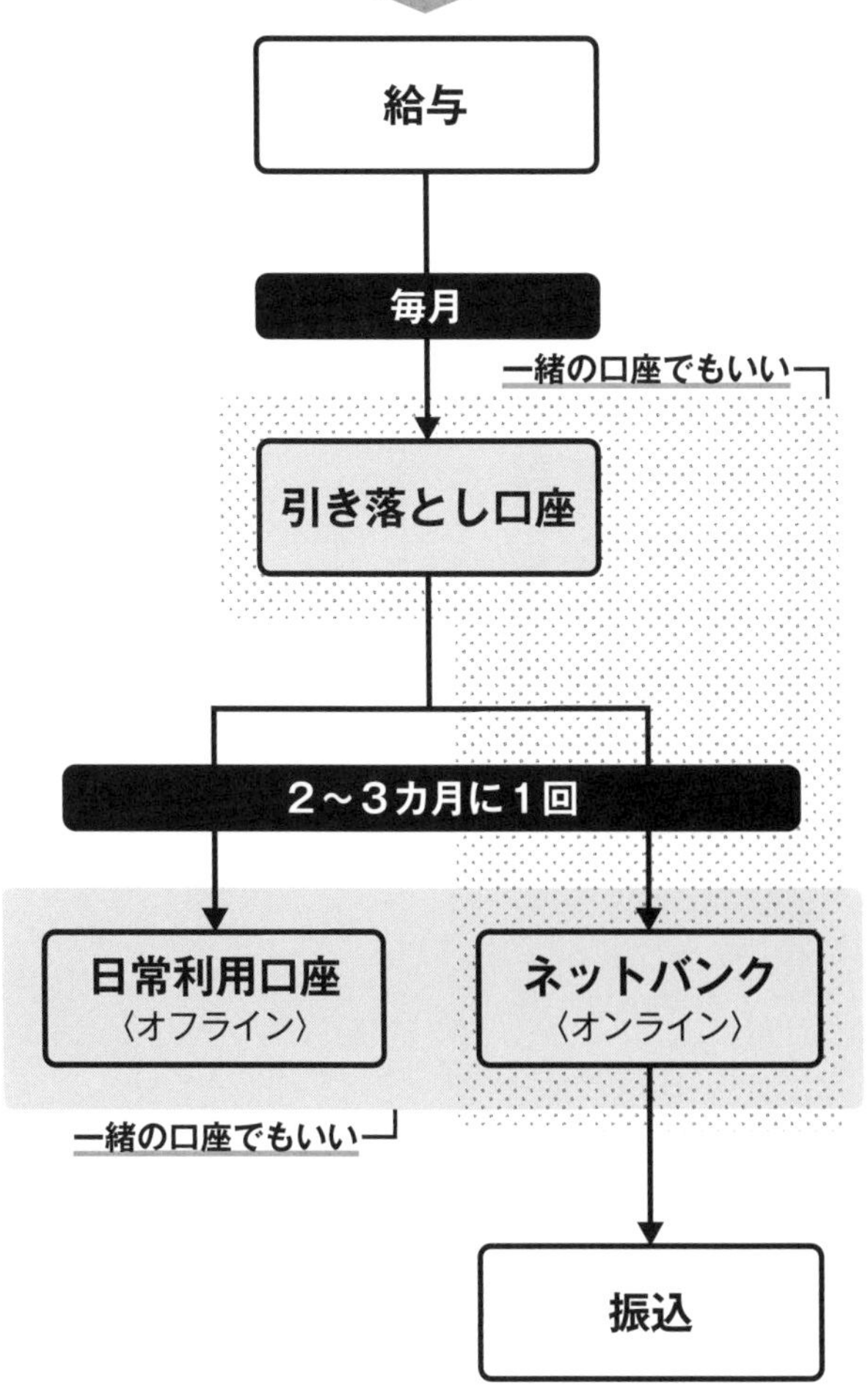

貯金額が増えてきたら3つ以上の口座を持つ

皆さんの預貯金を保護する「ペイオフ制度」があります。これは万が一、金融機関が破綻した際に、金融機関ごとに預金者一人あたり1000万円までは、預金保険機構から保険金として支払われる制度です。つまり、3つの口座に1000万円ずつ預けていれば、3000万円まではペイオフ制度の適用範囲内ですが、それ以上の分は適用外ということです。**1000万円を超える預貯金は保護されないので、貯金額が3000万円を超えたら、さらに口座を増やして、1口座あたり1000万円以内になるよう管理しましょう。**

「3000万円の貯金なんか、あり得ない……」と思う人は多いかもしれません。しかし、過剰なインフレが起こり「パンひとつ買うのに1万円」という時代が訪れた場合、3000万円の貯金が当たり前になる可能性もゼロとは言えません。何が起きても自分の預貯金を守るイメージは持っておいたほうがいいでしょう。

Q 9

買い物はどっちでするのがいい?

A 実店舗

B ネットショップ

A

ANSWER

両方

実店舗

ネットショップ

これは用途によって使い分けることをおすすめします。ものを安く買いたいなら、価格比較サイトで最安値のネットショップを調べて購入すれば、よほどの例外がない限りは最安値で買えると思います。ネットショップで検索して買うことは、実店舗で買いたい商品を探す手間が省けるメリットもあります。

ただし、衣服や靴などの身につけるものについては、実店舗で買うことをおすすめします。実際に身につけてみたらサイズが大きかった、質感が違ったといったズレを防ぐためです。

身につけるものは実店舗で、それ以外はネットで買おう

洋服や靴を実店舗で買うことをおすすめするのには、理由があります。**ネットの画像で見た感じで想像していた着心地などが、イメージとズレていることがあるから**です（良い面でも悪い面でも）。

また、仮に最安値で買えないとしても、実店舗には店員がいます。店員にコーディネートしてもらい、それを素晴らしいと思うことができれば、それはネットにはない「付加価値がついている状態」といえます。実店舗に足を運んだ分、十分値段に見合った買い物といえるため、あえて値切る必要はないと考えます。

また、ポイントを多く貯めることを優先させると、最安値で買えないことがあるかもしれません。しかし、それも付加価値のひとつ。すべてのものを最安値のショップで買わなければならないと必死になって、ストレスを溜《た》めないように気をつけてください。

衝動買いを減らす方法とは？

安く買えるのはそれだけで魅力的なので、安易に購入してしまいがちです。ネットで購入する際は、**すぐに買うのではなく、まず「ほしいものリスト」（販売サイトにより名称は異なる）に入れておき、数週間〜1カ月くらい時間を空けてから再度そのリストを見るようにします。**

それでも必要だと思ったら購入すればいいですし、そもそもそのリストすら見ないのであれば、そこまで欲しくなかったということです。

今の時代、ものは処分するのにお金も時間も労力もかかります。少しリストに置いている間に本当に必要なのかどうかを考えてみると、冷静に判断してものを買えるようになります。

ぜひちょっとした工夫で衝動買いをなくし、ムダを減らしていきましょう。

Q10

買い物をするときのポイントは?

A できるだけ複数のお店に行く

B 行きつけのお店で買う

A

ANSWER

B

行きつけのお店で買う

「行きつけのお店」を見つけておくと、買い物をするとき便利です。いつも購入するお店で買うようにすることで〝ポイント〟が貯まり、まとまったお金が戻ってくるからです。

またお店に並んでいるものとあなたのセンスが合えば、気に入ったものが見つかりやすく、時間の短縮にもなります。まだ行きつけのお店がない人は、ぜひこれから探してみてください。

行きつけのお店を決めておくと便利な理由は？

ものを買う過程で最も時間がかかるのは、決断するまでの時間です。ウインドウショッピングとはまさにこのことで、「あれもいいなあ〜」「これもいいなあ〜」と、何を買うかで悩む時間を楽しんでいる状態です。

しかし、買いもしないのに、「どこで買おうかな……」と悩んでいる時間はもったいないように思います。皆さんが思っている以上に、悩むことに費やしている時間は長いのです。

一方、「行きつけのお店」を決めておけば、少なくとも「どのお店で買うか」で悩む時間は軽減されます。

そのお店が仮に実店舗だとしたら、応対してくれる店員と顔見知りになっている可能性が高いので、的確なアドバイスももらえるでしょう。店員とつながって自分のことをよく知ってもらい、アドバイスをもらう意味でも、行くお店は絞ったほうがいいです。

ポイントカードの枚数でムダの多さがわかる

ここで、お財布の中にあるポイントカードの枚数を数えてみましょう（スマホの中にあるポイントアプリも対象です）。

財布がパンパンになるくらいたくさんある人は、お店を絞り切れていないということです。「とりあえず作ってみた」といったように、もらえるものはもらっておこうという意識でカードを作ったという人もいるでしょう。しかし、一度しか行っていないお店のカードは間引く必要があります。

数カ月に一度でいいので、お財布の中身を定期的に整理してみてください。あわせて、**よく使うお店が仮に上場している企業であれば、株券を購入して、投資も兼ねて株主優待を受けることも考えてみましょう。**

Q11 貯金を増やすために真っ先にすることはどっち？

A 生活費を削る

B 給与以外の収入源を作る

A

ANSWER

B

給与以外の収入源を作る

支出を減らすやり方だけでは、最終的に必ずどこかで限界がきます。借家に住んでいる人が家賃をゼロにすることは難しいですし、ガス代や電気代は、どんなに削っても、基本料金が発生します。

しかし、今持っているものを売るなど、「収入を増やす」意識を持っていると、徐々に収入は増えていきます。ここに意識を向けない限り、永遠に収入は給与所得のみのままです。

TIPS!

固定費を削るのは限界がある

お金を貯めるために一生懸命固定費を削ろうとする人がいます。それはそれで大切なことですが、「支出を減らす」部分については、最終的に必ずどこかで限界がきます。

たとえば借家に住んでいる人が家賃をゼロにすることは難しいですし、ガス代や電気代は、どんなに削っても、基本料金が発生します。

もちろん、ムダを省き効率化を図ることは大切です。しかし、あまりやりすぎると、「ただセコいだけの人」になりかねないので、無理のない範囲で取り組むようにしましょう。

同時に、必ず「収入を増やす」部分も考えてください。

現金だけがお金ではありません。今自分が持っているもので、使っていないものをお金に換えていくのも「収入を増やす」方法のひとつです。

はじめは微々たる数字かもしれません。しかし、**「収入を増やす」意識を持っていると、徐々に収入は増えていきます。**

「支出を減らす」ことにいずれ限界がくると考えると、収入を増やす道を考えない限り、永遠に収入は給与所得のままです。「収入を増やす」ことにもぜひ意識を向けてもらいたいと思います。

その固定費、払いすぎではありませんか？

では「支出を減らす」方法として、何をやればいいのでしょうか。

まずは**固定費の洗い出し**です。支出の明細（クレジットカードの明細や銀行口座の明細）を見て、毎月払っている金額を明らかにします。

家賃や保険料、細かいところでいくと携帯電話やインターネット回線の通信費、電気、ガス、水道などの光熱費があると思います。

図5　固定費の内訳

必須の支出	準必須の支出
家賃（住宅ローン）	固定電話代
電気代	生命保険代
ガス代	自動車ローン
水道代	NHK受信料
携帯電話代	
教育費（学費）	
インターネット代	
	任意の支出
	子どもの習い事
	生協
	各種会員費

これらの固定費は、あなたの収入がいくらになったとしても必ず請求されるものになります。これが高額になればなるほど、収入が減ったときの不安につながります。身の丈に合った支出であればいいのですが、収入が減って支出の割合が大きくなると、お金が原因で精神的に余裕がなくなり、ふだんの仕事や生活にも悪影響を及ぼすことがあります。

まずは自分にとって適切な固定費になっているか、確認してみましょう。

通信費、電気代を見直す

契約したときは一番お得なプランを選択していても、知らないうちによりお得な新しいプランが開始していることもあります。これを機に、契約中の固定費を見直すといいでしょう。

①通信費

ふだん、携帯であまり通話しない人は、ＭＶＮＯのデータ通信ＳＩＭに変えることを検討してみてもいいでしょう。

ＭＶＮＯとは「Mobile Virtual Network Operator」の頭文字を取った通称で、ドコモやａｕ、ソフトバンクのように自社で回線を持っている会社（以下、ＭＮＯ）から回線を借り、利用者に格安で通信環境を提供するものです。

自分でインフラを持たないため設備管理などのコストがかかっておらず、大手通信事業者と比べて安価なのが魅力。データ通信だけで見ると、基本料金が１０００円を切るところもあり、**圧倒的にコストを抑えることができます**。

もちろん、動画やゲームアプリを多く使う人はもっとかかると思われますが、ＭＮＯだと、たくさん使ってもそうでなくても、結果的に最低でも月７０００円くらいかかるプランしか選択できないのに対して、ＭＶＮＯだとそれ以下でプランを選択できます（２０２４年４月現在）。そこに大きな意味があるのです。

ですが、MVNOにもデメリットはあります。

たとえば、回線が混み合ってくると、通信速度が遅くなります。特に、平日12～13時のランチタイムにその傾向があります。

ただそういったデメリット以上に、**「使った分だけ支払う」プランを選択できることに大きなメリットがある**と私は考えています。もちろんこれは通信費に限らず、すべての支出にいえることでしょう。

今お持ちの携帯電話をすぐには解約できないと思いますが、次の更新月にMVNOにするという選択肢を考えておいてもいいかもしれません。

②電気

水道・光熱費についても同じように、使う分に見合っただけの支出になるよう調整していきます。ここでは電気料金を例に話を進めます。

電気料金はまず、契約アンペア（電気が流れる量の単位）から見直してみるといいかと思います。

契約アンペアが大きくなればなるほど、同時に使える電化製品が増えます。たとえば電子レンジや炊飯器、ＩＨクッキングヒーターなどは必要アンペア数が大きいです。これらを同時に使おうとすると大きなアンペア数で契約する必要がありますが、同時に使わないように配慮すれば、アンペア数を下げる＝基本料金を減らせることができるのです。

入居時の設定では20～50アンペアと、家によってかなり差があります。特に賃貸では、前の居住者が契約したアンペアのままになっているケースが少なくありません。必要ないのに大きなアンペア数に設定されていて、電気代がムダに高くなってしまっている可能性があります。必要に応じて変更しましょう。なお現状のアンペア数は、請求書やブレーカー部分を見て知ることができます。

参考までにお伝えすると、照明２つ＋テレビ＋冷蔵庫＋炊飯器を同時に使って、約20アンペアです。炊飯時にこれらと同時に電子レンジとＩＨクッキングヒー

図6　アンペア数の参考値

照明（ひとつ）	1アンペア
冷蔵庫	3アンペア
テレビ	2アンペア
掃除機	10アンペア
炊飯器	14アンペア
アイロン	14アンペア
エアコン	7アンペア
ドライヤー	12アンペア
電子レンジ	15アンペア
洗濯機（乾燥機付）	13アンペア
乾燥機	15アンペア
食器洗い乾燥機	13アンペア
IHクッキングヒーター	14アンペア
電気カーペット	8アンペア

↓

アンペア数が大きくなればなるほど、電気代が高くなる。家電を使う際は、できるだけ同時に使わないよう配慮しよう！

ターを使いたい場合、約50アンペアが必要なので、電力会社との契約も「50アンペア」で行う必要があります。

念を押しておきますが、あくまでもこれは〝同時に〟使うときの量です。「電子レンジを使うときは炊飯器を使わない」といったように工夫すれば、50アンペアもいらないということです。

ちなみに、10アンペア増やすごとに、基本料金は数百円単位で上がっていきます（電力会社による）。

仮にアンペアを下げて月に500円節約できた場合、年間で6000円になります。微々たる額かもしれませんが、たとえばその浮いたお金をクレジットカードやＪＡＦ、Amazonプライム、などといったサービスの年会費にあてることもできます。

電力自由化を受け、電気を割安に提供する会社が増えました。月額数百円程度の差かもしれませんが、年間で考えるとそれなりの差になります。検討して損はありませんので、ぜひトライしてみてください。

「削れるか？」より「削ることに意識を向ける」ことが大切

ここで重要なことは、**「削減をする」ことよりも、「削ることに意識を向ける」こと**です。

検討した結果、今まで通りでいいという結論に至ったとしても、検討してその結果なのか、何も考えずにその結果なのかでは、まったく状況は異なります。たとえば車の運転をしているとき、誰もが事故を起こそうと思って運転していないにもかかわらず、それでも事故が起こってしまうのは、自分が意識していないことが原因かと思います。

ここでできる限り意識を向けていれば、仮に防ぐことのできない事故が起こったとしても、被害は最小限に抑えられると思います。まったく意識を向けていない状態で事故を起こしてしまうと、その被害はとてつもないものになってしまうでしょう。

それと同じで、仮に大きな出費をしていたとしても、**意識が向けられている状態であれば、万が一収入が急減したとしても、すぐに対策を打つことができます。**

常に光り輝いて
いたいんだ！
電気代のこと
何も考えてないな…

Q 12

給与明細を受け取ったらどっちを見る？

A 控除額

B 手取り金額

ANSWER

A

A 控除額

そもそも控除額は、会社があなたに代わって払っている社会保険料や税金で、立派な「支出」です。これを確認しないままでは、お金を増やせるものも増やせません。毎月決まって減ってしまう固定費だからこそ、その金額に見合う対価が何かを知るべきです。そうすることで「そもそも厚生年金って何？」とか、いろいろなところに意識が向き始め、取るべき策が見えてきます。

TIPS!

税金をいくら払っているか、把握していますか?

あなたは給与明細の天引き金額（給与所得控除額）を確認しているでしょうか。

私はかつて、給与明細を見ていませんでした。給与が振り込まれる口座の残高を見て金額を〝何となく〟把握し、控除額も意識していなかったため、「世の中で言われている年収と比べて随分少ないな……」とぼんやり思っていました。

しかし、控除を確認せず放置していては、減らせるものも減らせません。

たとえば103ページ・図7の控除項目の中にある「保険」に関するものは、いざというときのものなので、貯蓄をしていることと同じです。その分、過剰な貯蓄（保険）をしている場合もあります。そうなると、生活を圧迫することにもなりかねません。

また、マイカーを持っている人は、年間のガソリン代や各種税金、メンテナンスなどにかかる維持費、自動車ローン（一括払いの人は減価償却）を足した年間あたりのコストがどのくらいになるか、即答できるでしょうか？

おそらく多くの人は、即答するのが難しいと思います。

それは、「とりあえず生活できているから」ではないでしょうか。「将来の不安を考えてもしょうがない」と思っているからかもしれません。

しかし、普通車の維持費は安く見積もっても年間20万円以上。意外と高くつきます。将来の不安が現実となったときに何かをしようとしても間に合いません。お腹がすいたからといって、今日野菜の種を植えて明日収穫して食べようと思っても、準備なくして食材は手に入らないのです。

まず、給与明細を手元に用意してください。

明細には、「厚生年金保険」「雇用保険」「健康保険」といった「控除」の欄があります。会社によっては福利厚生費、労働組合費などもあるかと思います。いずれにしてもこれらの金額は、会社があなたに代わって払っている金額です。本

図7　給与明細の例

情報企画部　金賀富子

2024年1月給与明細

給与振込額	
給与口座振込額	162,506円

支給項目		控除項目	
基本給	293,420円	所得税	7,450円
時間外手当	23,571円	住民税	22,300円
		厚生年金保険料	24,618円
		個人拠出年金	5,402円
		基本健康保険料	6,126円
		特定健康保険料	4,272円
		雇用保険料	1,648円
		社宅料	62,756円
		立替経費	14,525円
		団体傷害保険	730円
		労働組合費	4,658円
支給額合計	316,991円	控除額合計	154,485円

↑

ここを必ずチェックしよう！

来あなた自身がもらうべき金額なのです。

たとえば厚生年金保険の欄を見てみましょう。

厚生年金の保険料が、給料に対し18・3％だとします。これを会社と従業員が半分ずつ負担するため、約9％にあたる金額を毎月数万円払うことになります。これは食費や光熱費と同じくらいインパクトのある数字です。しかも社会保険関係は負担額がずっと上がり続けています。

多くの人がこの保険料に関し「自分ではどうしようもないから見ない」と決めているかもしれませんが、そうではありません。

毎月必ず引かれて減ってしまう金額だからこそ、その金額に見合う対価が何かを知るべきなのです。そうすることで「これを払って、いくらくらい戻ってくるのか」など、いろいろなところに意識が向き始めます。それによってたとえば、漠然と不安に思っている将来に対して、必要な金額が明確になってくるのです。

お金を稼ぐ人になれるかどうかは、実はこの〝ちょっとした意識を向ける先の違い〟にあります。

お金に意識を向けたことから関心が広がり、お金の勉強を始めた人も少なくありません。いきなりすべてのことを始めるのは難しいので、まずは明細を見ること、すなわち現状の自分を客観的に見ることから始めてみましょう。

支出

13 Q

支出を見直すならどっち？

A 接客を学ぶために行くエステ代

B 楽しみを求めて行く飲み会

A

ANSWER

B

楽しみを求めて行く飲み会

コロナ禍を経て、人と人の関係性を深める目的の飲み会の価値は上がったようにも思えます。しかし、自分の楽しみだけを求めて行く飲み会は、その瞬間は楽しくても、時が過ぎればおしまいです。気分をリフレッシュする目的ならばいいと思いますが、金額を見直してみると、内容に見合わないほど高額な代金を支払うケースが多い傾向にあります。

いきなり減らすことはできなくても、「週3回を2回に減らす」など、徐々に減らす方向で考えることをおすすめします。

削るもの・削らないものの判断基準はどこに置く？

ここまで紹介した内容をいざ実践しようとしても、どうしても減らせない部分もあるかと思います。そのため、**いきなり減らそうとするよりも、減らす以外の方法がないか探すほうが、無理なく減らせます。**

たとえば家賃。支出のかなりの部分を占める固定費です。自分の住環境に対するコストですが、私はむやみに削るのは良くないと考えます。

多少の無理をしてでも妥協せず良い部屋に住むことで、セルフイメージが高まり、仕事を前向きに進めるきっかけになるのであれば、決して削るべきではありません。もちろん収入が減り、どうしようもできない状態になったのであれば、真っ先に削るべきでしょう。

一時的な満足感で終わる支出は仕分け対象に

支出して得られる対価が〝一過性〟の場合は、極力削減するべきだと思います。たとえばブランド物を買いあさった結果、2年以上使わずタンスのこやしになっているようであれば、今後は買わないほうがいいでしょう（将来的に高額で売ることを視野に入れて買うのは例外です）。

ギャンブルも、当選した瞬間に発生する一過性の快楽を求めてお金を投じているだけの人が大半のように思えます。高級ホテルでランチをする、高級エステに通い詰めるといったことも同様です。

その瞬間は楽しいと思いますが、時が過ぎればおしまいです。気分をリフレッシュする目的で通うのは価値があると思いますが、過剰に高額な代金を支払っているケースは案外多いのです。

意識して払おうとする人
払っている意識がない人
今月は〇〇〇円払うんだな
それちょうだい!!
明細
明細
お金が安定して貯まる
いつの間にかお金がなくなっている

「接客ノウハウを学ぶ」「最新エステ技術のアドバイスを聞いて意識を高める」「セルフイメージを高める」など、自己成長や日々の生活をより良くする要素があり、継続して努力する一環としてお金を払うのであれば、投資対象として考えてもいいでしょう。

しかし、くり返しになりますが、**「一過性」の要素が強いものは支出が高額になる傾向が高い**ものです（気がつけば過剰に利用していることも）。いきなりゼロにしなくてもいいので、「週3回を2回に減らす」など、徐々に減らす方向で考えることをおすすめします。

近年は、映画や音楽だけでなく、服飾品や車、食品、おもちゃなどを月額会費制（サブスクリプション）で楽しめるサービスも増えています。これらを活用して、節約するのもひとつの手です。

「本当に価値に見合っているのか？」という視点を持つだけで、お金の使い方は大きく変わってきます。

CHAPTER

2

これだけは知っておこう！投資力を育てる前提知識

ある程度お金が貯まってきたら、今度はそのお金をより増やしていくことについて考えていきましょう。

お金を増やす方法にはいろいろありますが、私は「お金にお金を生み出してもらう」方法をおすすめします。

本業以外に収入を得ることで、より一層、お金を大切に使おうとする意識が芽生えてきます。

Q14

お金を増やすために副業するとしたらどっち？

A 投資

B 接客などのアルバイト

ANSWER

A

投資

労働時間に応じて収入が決まることは、いずれどこかで限界がきます。1日は24時間ですし、体力は無限にあるものではないからです。投資であれば、接客などの肉体労働を必要とするアルバイトのように「○時間働かないと△万円もらえない」といった制約がないので、かける時間に関係なく大きな収入を得るチャンスが広がります。

自分の時間が取られない副業を選ぼう

収入を増やすには、今いる職場で働いて給与を増やすか、それ以外で収入を得る方法があります。会社員である以上、本業の収入を増やす努力を継続することは当然ですが、それだけでは限界があることは、Q3で述べたとおりです。

本業以外で収入を得る「副業」として、接客などのアルバイト、投資、アフィリエイトブログ、転売ビジネスなど、さまざまな方法があります。ただ、それぞれ一長一短があります。

どの手段を選ぶのか、注意するポイントとしては、まず「**自分の時間が取られないものを選ぶ**」ことです。お金を稼ぐまでに時間がかかりすぎるものだと、長続きしない可能性が高まるからです。

たとえばあなたが副業で1万円稼ぎたいとしましょう。時給1000円の接客アルバイトを選んだ場合、1万円を得るまでに最低10時間はかかります。肉体労働なので自分の体を動かす分、体力も消耗し、時間も取られます。

しかし、**投資を選んだ場合、どの株を買うか決めるまではそれなりの時間が必要ですが、「買って売る」という注文操作は、数秒程度で済みます。**

もちろんどの手段も、効率的なやり方がわかってくると、作業時間を多少減らすことはできると思います。

ただ、**労働時間に応じて収入が得られる副業は、いずれどこかで限界がきます。**1日は24時間ですし、体力は無限にあるものではないからです。雇用先やクライアントを見つける手間もかかります。

そういう意味で私は、時間給で稼がずに済むやり方をおすすめします。

投資であれば、自分が行う作業は基本的に、情報収集と売買（注文）などの事務手続きの2点になります。肉体労働を伴うアルバイトのように「○時間働かな

図8　副業の種類

手段	方法	特徴
アフィリエイト	インターネットでブログやサイトを作成し、広告を張り付けてお金を稼ぐ	収入が生まれるまでかなりの時間がかかる。軌道に乗れば時間は少なくできる
オークション販売	いらなくなった服や本などをネットオークションなどで高く売る	仕組みがシンプルなのですぐに取りかかれる。軌道に乗っても時間投資はそれなりに必要
アルバイト	接客など、時給で働いてお金を稼ぐ	時間的にも金銭的にも上限がある。体力を要する場合、高齢になるとできない
クラウドソーシング	仲介サイトを通じて仕事を受ける。デザイン、執筆等色々な種類がある	始めた直後はアルバイトよりも時給は低いが、実績を上げれば、時給は上がる
FX（外国為替証拠金取引）	米ドルやユーロなどの外貨を売買して差額で儲ける	少額でも始められるが難易度が非常に高く、勉強が必要。軌道に乗れば時間は少なくできる
株式投資	会社が発行する株券を購入し、株価により売買して儲ける	勉強時間を多く要する。ある程度の資金がないと買えない株もある。軌道に乗れば時間は少なくできる
不動産投資	不動産を購入し、家賃収入によって収益を上げる	物件探し、資金調達などに時間を多く要する。軌道に乗れば時間は少なくできる

いと△万円もらえない」といった制約はありません。投資には、作業にかかった時間に関係なく、大きな収入を得るチャンスが広がっているのです。

特に**投資家が行っていることの大半は、情報収集**です。そのアウトプットが、「注文を出す」という一瞬にすべてが込められています。

投資の考え方の基本は「お金を動かして、お金を増やす」ことです。

労働の基本的な考え方である「自分（の時間）を動かして、お金に換える」という考えとは真逆に位置しています。

1日の大半を本業に費やし、残されたわずかな時間でお金を増やすには、時間をお金に換える方法ではない「投資」という選択肢は、現実的といえるでしょう。

15 Q

「投資を学びたい」と思っている人が投資を始めるとしたら、どのタイミング？

A 資金が数万円でも用意できたら

B 資金が50万円以上用意できてから

A

ANSWER

A 資金が数万円でも用意できたら

基本的に投資は「習うより慣れろ」の世界。「投資ってよくわからない」といった初心者ほど、証券口座を開設して自分がよく使っているお店の株を買えば、知識レベルは早く上がります。もちろん初心者段階で本当に株を買ったら損する可能性のほうが高いので、「買ったフリをする」、いわゆるデモ取引で練習をしてから始めるのが理想です。なお投資には、いろいろな形態があります。感覚的には、ケタがひとつ増えるごとに投資対象が変わるほか、投資対象ごとに特徴があります。無理に投資対象を絞らず、柔軟に選び、始めていきましょう。

投資をするなら相性が合うものを

投資には、株、FX（外国為替証拠金取引）、不動産など、いろいろな形態があります。その中でも代表的なものを例に、用意する資金がどのくらいになったら投資を始めるのか、またどの投資をやるといいか、次のページの図9にまとめました。

たとえば10万円の株を買って出る損益は、せいぜい数万円です（もちろん、例外もあります）。

不動産投資だと、購入価格自体が安くても数百万円からなので、そもそもスタートラインが異なります。また地価の移り変わりも考えると、「マイナス数百万円」という事態も十分起こり得ます。この状況に平然としていられる人ならできますが、それに耐えられる人は資産家か、計画的に貯金をしている人でしょう。

図9　投資対象の種類と特徴

	FX	株式投資	不動産投資
資金額の目安	数十万～数百万円単位	数百万～数千万円単位	数千万円以上
損益が動くタイミング	数分、数時間単位	数カ月、数年単位	数年、数十年単位
性格の向き不向き	狩猟民族派	農耕民族派	先行投資に抵抗がない人向き
専業向きか兼業向きか	数分レベル：専業向き 数時間レベル：兼業向き	兼業向き	専業向き

いくら周りの人が「この投資はいいよ」と教えてくれたとしても、あなたの置かれている立場や資産状況によって、チャレンジできるものとそうでないものがあります。**生活スタイルや性格によっても相性がありますので、無理に投資対象を絞ることなく、柔軟に選びましょう。**

また、投資対象は、国内のものもあれば海外のものもあります。
これから投資を始める人、またあまり経験がない人は、まずは投資対象を国内に絞り、慣れてきたら海外に目を向けていくといいでしょう。

たまに、投資経験がないのに、いきなり海外の投資商品を買って損をしている人がいます。これは、情報収集の面で海外のほうが難しいにもかかわらず、その海外投資商品を、**仲介する人に言われるがままに買ってしまっている**からです。
もちろんそれで損をせず利益が出る場合もあります。しかし基本的に仲介者は、投資商品が売れれば、購入者の損益についてはどうでもいい立場にいるのです。

残酷なことかもしれませんが、知っておいてください。

国内も海外も、投資の根本的な考え方は同じです。だからこそ、まずは国内で情報を集め、売買する経験を積んでからでも、海外を始めるのは決して遅くはありません。

国内で身につけた考え方をベースに各国特有の事情や国内との差を情報収集していけば、同じように取り組むことができます。焦らず、やりやすい分野から取り組んでいきましょう。

16 Q

損失がふくらんだとき、どうする？

A 早めに切り上げて利益が出そうな方法を探る

B 切り上げはせず、損失が少なくなるのを待つ

A

ANSWER

A

早めに切り上げて利益が出そうな方法を探る

投資の世界で、安く買って高く売れるという100%都合のいいことはありません。常に利益が増え続けることはなく、利益と損失それぞれが入り交じるように取引は進んでいきます。

買った銘柄が損失側に広がり、すべての資金を失ってしまう前に、次のアクションに移ることが大切です。

投資初心者はなぜ大損してしまうのか？

株やFXは、買うこともできれば売ることもできます。

株でいうと、買った株の価格（株価）が下がってきて、「今売っても買った金額分戻ってこない（＝損失）」状態になったとき、早めに売って被害を最小限に抑えることを「損切り」といいます。

たとえばAという銘柄を買ったとき、損失になる場合と利益が出る場合のそれぞれの増え方というのは、131ページ・図10のようになります。

投資で大損をする傾向にある人全員に共通するのが、損切りの決断を先延ばしにしていることです。買った銘柄がどんどん損失側に広がっていく状況を切り上げる（確定させる）ことができないまま、すべての資金を失ってしまうのです。

途中で損失を出している状況を認めて次のアクションに移れたらいいのですが、

大負けする人は、何の根拠もなく状況が良くなると信じて、次の手を打とうとしません。この心理的なロジックはCHAPTER4で詳細を説明しますが、投資で結果が出ない人は、十中八九間違いなくこのパターンに当てはまっています。

投資の世界に100%うまくいく話はない

では、利益が出ることもあれば、損失になることもある中で、どうやって利益を増やしていけばいいのでしょうか。

次の図10を見てください。損失も利益も、時間が経過すればするほど膨らみます。そのため**損失に向かったときにはなるべく早く損失を確定させ、利益に向かったときはなるべく大きく利益を膨らませて利益を確定すればいい**のです。

野菜を育てたことがある人ならわかると思いますが、野菜の種をまくとき、たいていひとつの穴に3粒ほどまきます。そして芽が出てきたら、一番成長してい

図10　買ったものの価値の変わり方

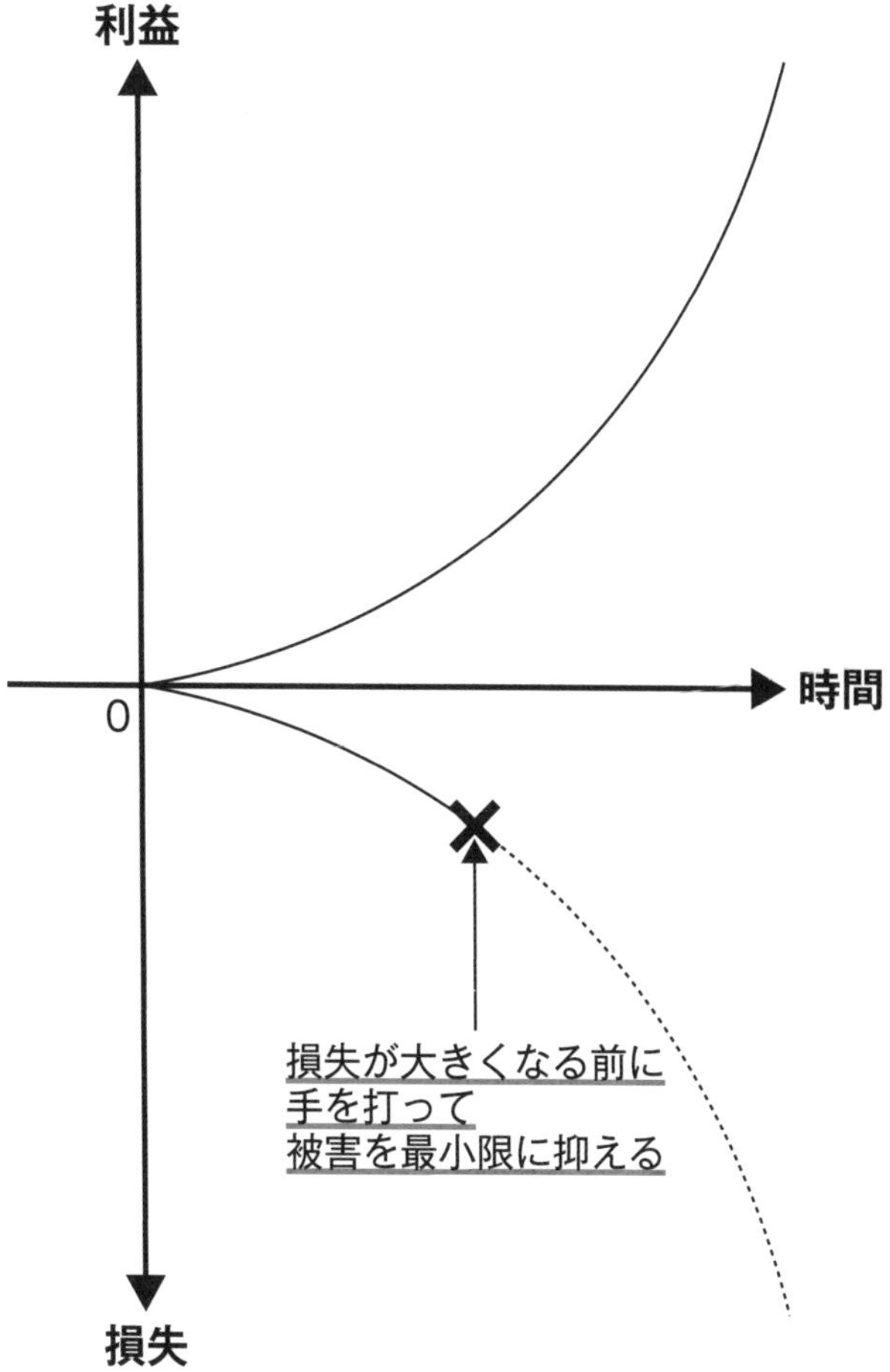

る芽を残して残りの芽を摘みます。これを「間引き」といいます。

投資もまったく同じです。すべての種（買った銘柄）が100％力強く芽を吹き出すわけではありません。**100％勝ち続けることなどあり得ない**のです。ですから安値だと思ったものはたくさん買って種をまき、力強く育たなかった芽は間引く必要があります。これが先ほど紹介した「損切り」という行為です。

「損切り」と聞くと、損という言葉からマイナスイメージを持つ人が多く、中には「なかなか損切りできない」という人もいます。しかし実際は、利益を大きく伸ばすための方法のひとつ。まさに損を切り捨てる行為です。

また、損切りに対してマイナスイメージを抱いている人に限って、先にお話ししたような大負けするパターンにはまってしまいがちです。損切りに抵抗があり行動できないうちに、そのままどんどん損失が膨らんでしまって大負けするという流れです。

図11　間引きと損切りの相関イメージ

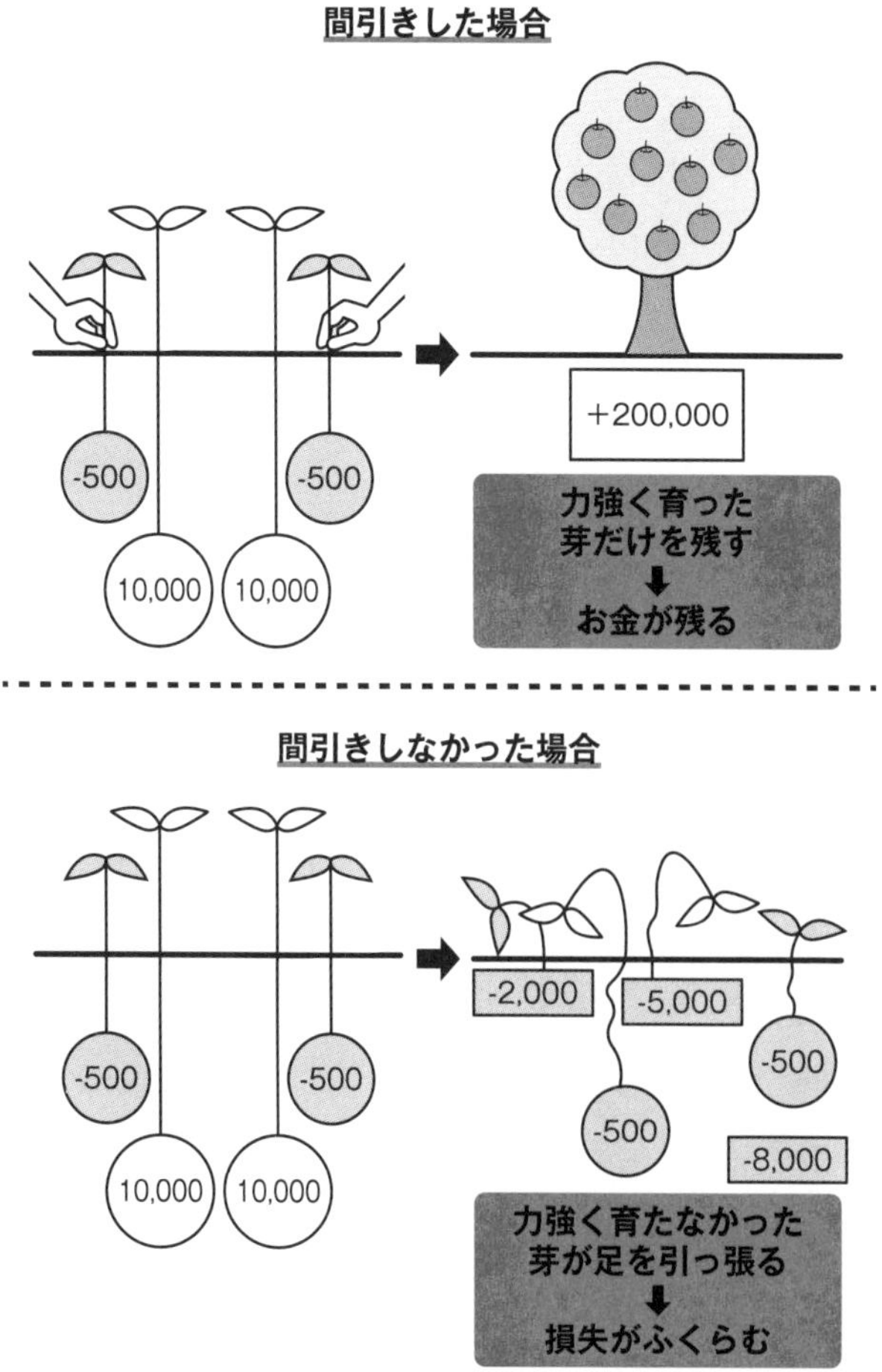

損失は事前に防げる！

ちなみに損切りは、事前に設定することができます（投資ではこれを「逆指《ぎゃくさし》値《ね》」といいます）。実際に安値で買う際に、どのくらい損失が出たら売るかを、あらかじめ設定しておくのです。買うときに損切りを同時に行うことができるので、最低ラインの価格を決めて、必ず設定しておきましょう。

同時に、逆指値まで損失がふくらむ前の段階でも、「もう明らかに損がふくらんで無理そう」となったときは、より早い段階で切り上げても構いません。先のグラフでも示したとおり、損失は、早めに確定させたほうが小さく済む可能性が高いからです。

ただ判断が早すぎて損切りばかりやってしまうこともあり得るので、**最初のうちは実際の資金を使わずに取引を体験できる「デモ取引」で、間引きの練習を必ずやることをおすすめします。**

なお逆指値は、市場によって、行為そのものができないように操作される場合もあります。

２０１６年6月、イギリスの国民投票があった際、ある証券会社で、「逆指値」の注文受付を停止する措置が執られました。こうなると損切りができなくなるため、措置が解除されるまでは取引せず、価格の行方を見届けるのが正解だと私は考えます。仮に様子見ができないのだとしたら、それはただの博打《ばくち》を打つだけの形となります。大勝ちできる可能性もありますが、それと同じくらい大負けする可能性もあり、危険だからです。

相場は永遠になくなりませんし、自分が資金さえきちんと確保していれば、いつでも取引はできます。「価格が大きく動くから」と、無理して取引する必要はありません。

小さい損失と小さい利益が交錯しながら、たまに大きく利益が伸びて資金が増えていく。そのような状況こそ、兼業投資家が無理なくお金を稼げるスタイルだと私は考えています。

図12　投資でお金を増やすイメージ

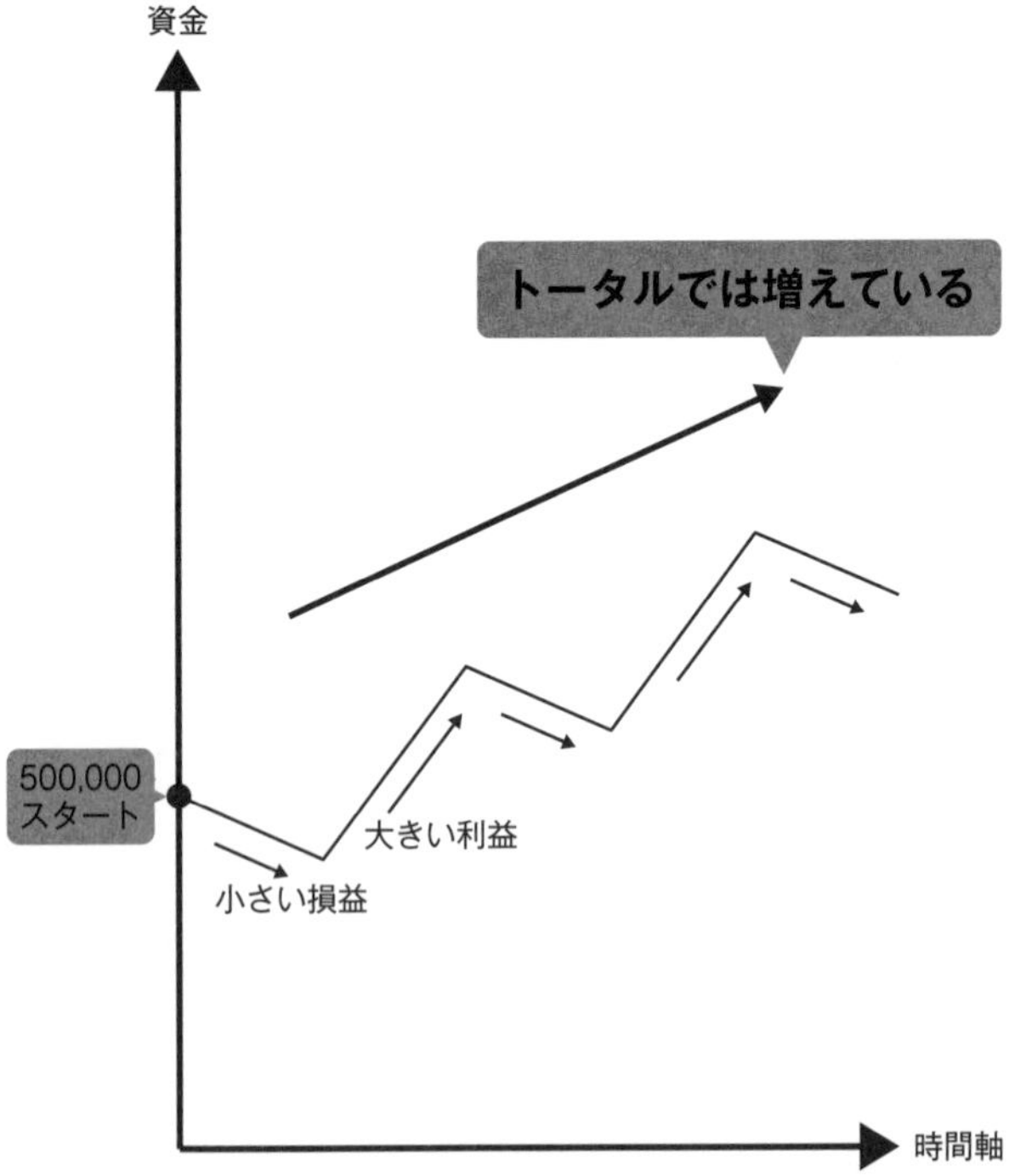

常に増え続けるものではない！

17 Q

投資商品を買う際、大切なのはどっち？

A 何を買うか

B いつ買うか

A

ANSWER

B

いつ買うか

人気のある投資の銘柄は、高値になりがちです。「安値で買って、高値で売る」ことが投資の基本ですが、「何を買うか？」を検討するのは専業投資家でも難しいことなのです。

初心者のうちは、業績が好調な複数の銘柄に分散投資ができるインデックス投資で「いつ買うか？」の投資力を集中的に磨き、ある程度投資に慣れた後で「何を買うか？」の投資力を鍛えるのがいいと思います。

既に選び抜かれた銘柄を買う

どんな投資であっても「安く買って、高く売る」のが基本中の基本です。

しかし実際には、「高値で買って、安値で手放す」（または、売ると損してしまうために長期保有している「塩漬け」状態の）人が多いです。どうしても人は、みんなが買っているといい銘柄だと思って買いたくなりますが、その時には既に値段が上がりすぎていることが多いものです。ただそれでも衝動に駆られて買いたくなり、高値で買ってしまうのです。

ですので、頭ではわかっていても、実際には「安値で買って、高値で売る」ことは容易ではありません。「いつ買うか」を判断するだけでも大変なことなのに、さらに「何を買うか」まで考えることは、少なくとも専業投資家以外の人にとってはかなり難しいでしょう。

そこで「何を買うか」の部分については客観的な数字で選ばれた銘柄があるので、それを参考にするのもひとつの手段です。特に**将来の資産形成が目的の人向けの方法として、「インデックス投資」をおすすめします。**

インデックス投資でじっくりとお金を増やす

インデックス投資とは、特定の株式指数（日経平均やＳ＆Ｐ５００など）に連動するように設計された投資信託やＥＴＦ（上場投資信託）に投資する方法です。日経平均（詳細はＣＨＡＰＴＥＲ３にて後述）とは、簡単に言えば日本株から業績好調の銘柄を２２５個選んで、その株価を平均した値で、Ｓ＆Ｐ５００は似たことをアメリカ株で５００銘柄選んで算出しているものと捉えてください。

つまり、**これらの投資信託などを買うことで、客観的に成長が期待されるとして選ばれている多数の銘柄に分散投資できる**ということです。インデックス投資をやることで、「何を買うか？」で頭を悩ませることなく、市場全体の成長変化

図13　インデックス投資の値動きのイメージ

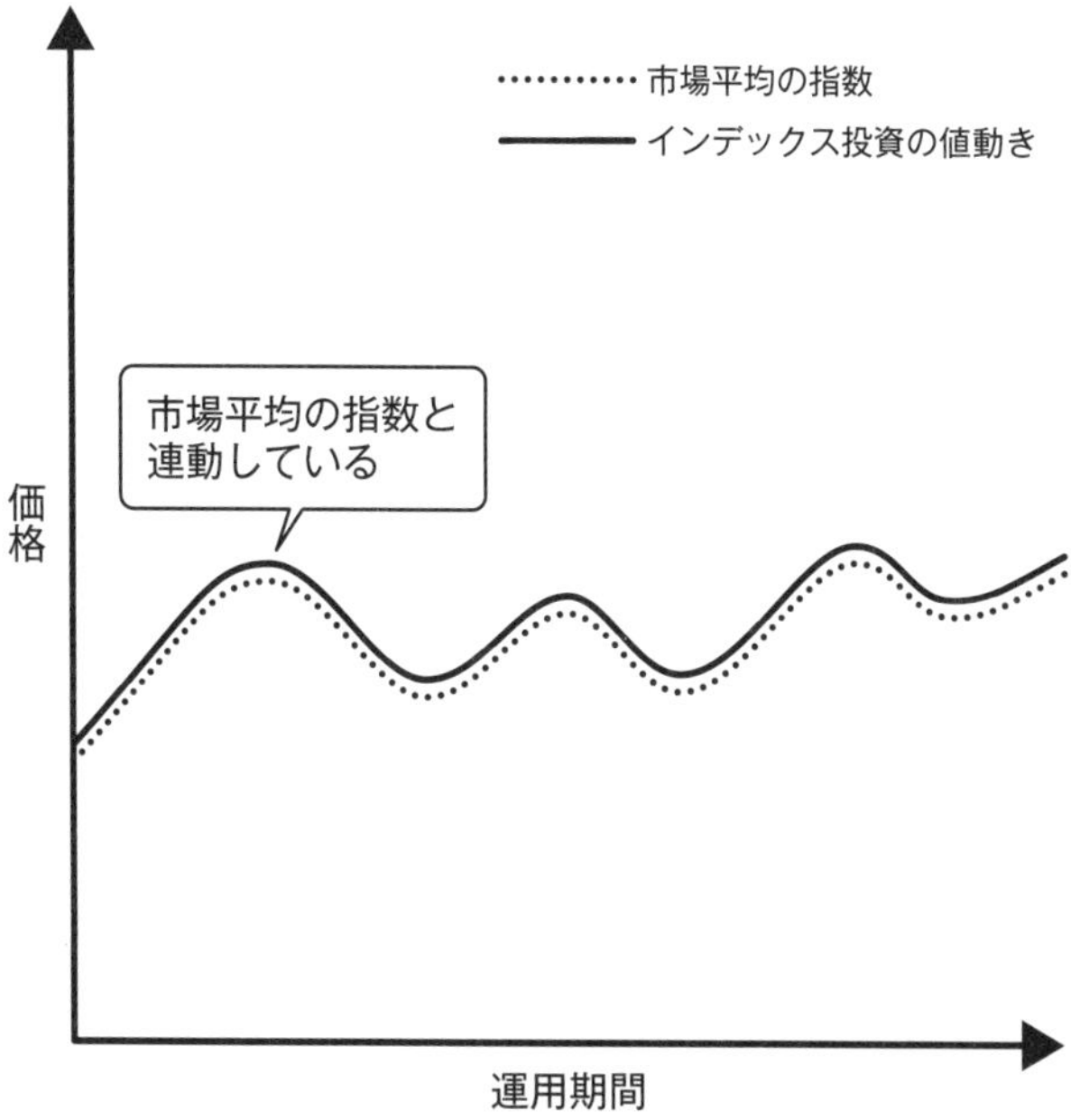

メリット

- 低コスト
- 分散投資できる（＝低リスク）
- 長期運用すると高リターンが見込める

に応じて「いつ買うか?」に集中できるのです。

なお、インデックス投資については面白い実例があります。「投資の神様」とも呼ばれているウォーレン・バフェットという有名な投資家がいます。彼は2017年に、インデックスファンドがアクティブ運用のヘッジファンド(※難しいと思われた場合は、個別株など、インデックス型の投資信託以外の銘柄と捉えてください)よりも長期的に高いリターンを提供するという賭けを行いました。結果は見事に勝利。この実例はインデックス投資の効果を示す例のひとつとなりました。

バフェットは、多くの一般の投資家に対して、低コストのインデックスファンドに投資することを推奨しています。

インデックス投資のデメリットは、**お金が増えるまでに長期間かかる**ことが前提となる点です。

インデックス投資は、基本的に長い期間をかけて利幅を伸ばす投資なので、例えば70代の人が「1～2年後のお金を」と考えて稼ぐことには向かないでしょう。短期間で利益を得たいのであれば、個別株を自分で選んで買う必要があります。

ただ当然ながら、個別株を買う場合は、市場の動向や企業の財務状態、業界のトレンドなど、多くの要因を考慮して、「何を買うか？」も考えなければならないので、それなりの技術と時間を要することになります。

さらに、個別株であっても適切なタイミングでの売買が必須となるため、市場を常に監視し、迅速に行動する必要があります。

このように考えると、個別株投資は投資経験の蓄積と知識の鍛え上げには良い環境と言えるかもしれませんね。

もちろんプラスアルファの労力をかける分、いわゆる「お宝株」を見つけることができれば大きな利益が得られる点で、個別株投資はメリットがあります。

短期投資で稼ぐならば、より高いリスクを受け入れることと、市場分析に対する高い投資スキルを鍛え上げることが求められます。

いずれにしても、投資をやる以上、「いつ買うか？」の判断だけは避けることができません。

お金が絡むと、人は冷静に行動できなくなりがち。そのような状況で複数のことを深く考えるのは難易度が高くなります。少しでもハードルを下げる意味で、まずはインデックス投資で「いつ買うか？」の投資力を集中的に磨き、ある程度投資に慣れた後で「何を買うか？」の投資力を鍛えるのがいいですね。

18 Q

お金が増えるのはどっち？

A プロに運用してもらう

B 自分で運用する

A

ANSWER

B

自分で運用する

お金のプロのアドバイザーや、どれだけ信頼している人であっても、いざというときに自分のお金を守ってくれるわけではありません。他責にしている部分が少しでもあると、足をすくわれる可能性があります。

たとえ相手がプロであっても、紹介されるがままに商品を購入することは絶対に避けてください。投資詐欺などのリスクから自己の資産を守るためには、自分自身が適切な知識を身につけ、自己責任のもとで運用することが重要です。

大切なお金を失わないために

資産運用に関して、特に初心者ほど「自分で運用する」意識を持つことが重要です。これには複数の理由がありますが、最も重要な理由は「**投資詐欺に遭遇した際に自己の資産を守ることができるか？**」です。

お金の世界では、さまざまなプロフェッショナルが活動しています。中には、ファイナンシャルプランナー（FP）のように、顧客に投資商品を紹介することで生計を立てている人もいます。

まだお金の初心者だった頃の私自身もそうでしたが、「何を買えばいいか」がわからず、お金のプロのアドバイザーであるFPを頼りにしたことのある人もいらっしゃるかもしれません。

不慣れな投資に挑戦するのですから、最初はプロのアドバイザーに頼りたくなるのは自然なことです。しかしながら、FPは、手数料が多く手に入る商品を推奨することで収入を得ている側面があることを知っておかなければなりません。つまり、FPが紹介する商品が顧客にとって最善の選択であるとは限らず、手数料を目的に紹介している可能性があるのです。

顧客が利益を出しても損失となっても、FP自身には金銭的な影響はありません。**FPの提案する商品を、言われるままに買うことは避けるべきです。**

たとえば、紹介された商品を買う前に、「FPさんもこの商品を買っていますか？」と聞いてみるのもいいでしょう。もちろん「買っています」と言われたところで、利益が保証されるわけではありませんが……。

ちなみに、海外におけるFPの収入源は、顧客に紹介した投資商品から得られる利益の分配で得るほうが主流と言われています。これだとFPが顧客の利益に直接関与するため、顧客の成功がFP自身の収入に直結するので、アドバイスも本気度が増します。

このように、ＦＰの報酬構造を知っておくことは、ＦＰをアドバイザーとしてつける際には重要です。

さらに、自分で運用する意識を持つことの重要性は、投資詐欺に遭遇した際に、より顕著なものとなります。

私自身も実際に経験して学びましたが、たとえばポンジスキームといった**投資詐欺に遭遇した際、出資したお金が戻ってくる可能性はゼロ**と言っていいレベルです。これは、詐欺師が新しい出資者からの資金を使って以前の出資者に配当金を支払うという、持続不可能な構造で成立させているためです。

「昔から知っていて、信用している人だから」という場合であっても、油断はまったくできません。どれだけ信頼できる人であっても、その人自身も騙《だま》されている可能性があるからです。

高額な投資詐欺ほど、関係する人も多くなり、中核の詐欺師もそれ相当のレベルとなります。本当に信用している人に「私も騙されていたんだ」と言われたところで、あなた自身のお金が戻ってくることはありませんし、状況によっては「裏切られた」と考えてしまい、人間関係が壊れてしまう可能性もあるのです。

こうした現実を考えていくと、お金の運用管理は自分自身で行うのが賢明です。**投資詐欺をはじめとするリスクから自己の資産を守るためには、自分自身が適切な知識を身につけ、自己責任のもとで運用することが重要です。**また、自分で運用することは、人間関係におけるさまざまな問題を避けることにもつながります。

「自分は素人だから……」と思っていたとしても、学び続け、投資経験を積み続けることが、お金の面だけではなく、人生全体をより良い方向に導いてくれることでしょう。

CHAPTER
3

日常生活にヒントがある!
お金を増やす投資力を鍛える

投資を始めるうえでは、「投資力」を身につけておくと結果を得やすくなります。ここでいう「投資力」とは、お金の流れを見極め、自分のお金を適切に制御できる力のこと。この章で紹介する基本を身につければ、自然とお金を増やす選択ができるようになります。

19 Q

投資を始める前にやっておくと役立つのはどっち？

A プロの投資家がすすめる本をたくさん読む

B ネットオークションを試す

A

ANSWER

B

ネットオークションを試す

本を読むことももちろん大切ですが、実際に投資を始める前にネットオークションを試すことで、お金について学びながら、投資を行う資金を作ることができます。

お金について学ぶことからいえば、オークションはおそらく最短かつ最も効率のいい学び方になります。現在では以前と比べてサポート環境も整ってきているので、ラクに取り組めます。

ネットオークションでお金を稼ぐ習慣がつく

投資に必要なお金を得るまで、ぜひ皆さんにやってもらいたいことがあります。それは、「投資力」を鍛えることです。投資力を鍛えるのに、「ネットオークション」は最適です。

ネットオークションがはじめての人もいると思うので、次の例題から、どんなことをやるのか、イメージをつかんでもらいたいと思います。

例題

❶あなたが好きなブランドの限定バッグ（5万円で購入）を売ることにしました。まずいくらで売りたいか考えてみましょう。

❷❶で考えた値段で売りに出したところ、ある方から「あと1割安くなりませんか？」とメッセージが届きました。

どのくらいまでなら値引きの交渉に応じるか、考えてみてください。

❸

❶で考えた値段で売りに出したところ、売れる兆しがないので、ネット広告を出してみることにしました。1日あたり1円〜20円まで設定でき、金額を増やせば増やすだけ、目立つ場所に配置してもらえます。いくらまでなら出せるか、考えてみてください。

以上が、ネットオークションで実際に行うことです。要は、売りたいものの画像と商品名を登録して、買ってくれる人が現れるのを待って発送するだけなのです。

オークションサイト側で入金から配送まで行ってくれるサービスもあるので、売りたいものをオークションサイトへ発送するだけで済ませることも可能です。住所などの個人情報を開示する必要はありません。慣れてくると一連の流れが短時間でできるようになりますし、お小遣い稼ぎには最適です。

洋服や小物、食器といった日用品はもちろん、車やバイクの部品など、さまざまなものが売りに出されているので、サイトを見て、自分だったら何を売るかを考えてみると、おもしろいかと思います。

信頼を構築するために気をつけたいこととは？

またこういったオークションサイトでは、出品者を評価する「評価ポイント」があります。落札者（物を買う側の立場）は、その評価ポイントを見て、スムーズに取引を進めてくれる出品者かどうかを判断します。評価ポイントが多い出品者ほど、買ってもらいやすくなります。

最初は評価ポイント「ゼロ」からのスタートですが、「評価（信頼）」を貯めていき、徐々に「利益」にシフトしていくと、無理なく取り組めるでしょう。

HOW MUCH
?
¥0000-
I want you!

20 Q

オークションではどっちを出品する？

A 本やＤＶＤ、ゲームソフトなど

B 家具などの日用品

A

ANSWER

A

本やDVD、ゲームソフトなど

最初は発送しやすいものがいいでしょう。サイズが大きくなると、梱包だけで時間がかかってしまい、出品するのが面倒になってしまうえに、配送料も高くなるからです。既に持っているものでまったく使っていないもの、もしくはもう必要ないと思っているもので十分です。必要なくなった本やDVD、ゲームソフトなどは、送りやすいサイズなので特におすすめです。

送りやすいサイズのものを売ろう

私はその当時、バイクが趣味だったので、オークションでは、バイクのパーツや道具を売っていました。確かに売れるとそれなりに大きな金額にはなるのですが、どれも送るのが大変でした。かといって「直接引き取りに来られる人」と条件をつけると、買える人が限られてしまい、なかなか売れませんでした。

その点、本やＤＶＤ、ゲームなどは大きさもほどほどで、形がある程度固定化されているので、梱包も手間がかかりません。さらに本などは絶版のものだと、**ものによってプレミアがついて高値で売れることがある**点でもおすすめです。

また1年以上着ていない服などもおすすめです。特に子ども服はやりやすいでしょう。大人の服だと、性別やサイズなど、着用できる人が限られてしまいますが、**子ども服は性別問わず、さまざまなサイズを求める人が多いうえに需要もあ**

図14　送付手段の種類

サービス名	代金	到着日数	特徴
クリックポスト	一律185円	2～3日	厚み3cm以内、1kg以内。
スマートレター	一律180円	3～6日※	A5サイズまで（2cm以内）
ゆうメール	180円～	3～6日※	1kgまでの商品を切手を貼って送る。ポスト投函可。
定形外郵便	120円～	2～3日※	4kgまでの商品を切手を貼って送る。規格内：長辺34cm以内、短辺25cm以内、厚さ3cm以内かつ1kgまで。ポスト投函可。
クロネコ ゆうパケット	250円～	3～7日	3辺計60cm以内（長辺34cm以内）、1kg以内。
ゆうパケット	250～360円	1～2日	厚み3cm以内・重さ1kgまで。ポスト投函可。追跡サービスあり。
レターパック ライト	一律370円	1～3日	ケースを郵便局で購入。厚み3cm以内、A4サイズまで（4kg以内）。
レターパック プラス	一律520円	1～2日	ケースを郵便局で購入。追跡サービスあり。集荷も可。A4サイズまで（4kg以内）。

※土・日・祝日は配達休止（2024年4月時点）。特徴の詳細な情報は日本郵便のホームページを参照してください。

るので、売れる可能性が高くなります。

ほかにもおすすめなのは、限定デザインのＱＵＯカード、ポストカードなど、薄くて郵便で送れるサイズのものです。あるいは、Ａ４サイズの封筒に入るものだと送りやすいでしょう。

日本郵便の「クリックポスト」や「レターパック」を利用すると、送料を安く抑えられます。

初心者は国内出品から、慣れてきたら海外も！

では、「商品をどのネットオークションに出品するか」ですが、実際にサイトを見てみて、自分が使いやすいと思ったサイトを利用するのがいいでしょう。

たとえばメルカリやＹａｈｏｏ！オークションは、利用者も多く、出品の手間も最小限になるよう考えられていて、使いやすいサイトです。

ほかにもいろいろなサイトがありますので、ぜひ比較してみてください。

なお、外国語にハードルがあまりない人でしたら、eBay等のオークションサイトを使うと、より高値で売れる可能性が高まります。

私の場合、英語が得意ではありませんでしたが、グーグル翻訳を駆使して問題なく取引できました。

また、商品破損のトラブルもありましたが、それらもグーグル翻訳で解決できました。外国語ができなくても、ツールを使って解決できることもあります。

「外国語↓わからない」と反射的に捉えることなく、売るものによっては、海外での出品も検討してみるといいでしょう。

オークションをやると、いろいろな発想が出てくる

では、ネットオークションへの出品がなぜ投資の勉強につながるのでしょうか。

それは、**投資も「モノとモノの交換」**だからです。オークションでは自分が持っているものをお金と交換します。一方、投資の中でも為替だと、自分の持って

図15　オークションと投資の違い

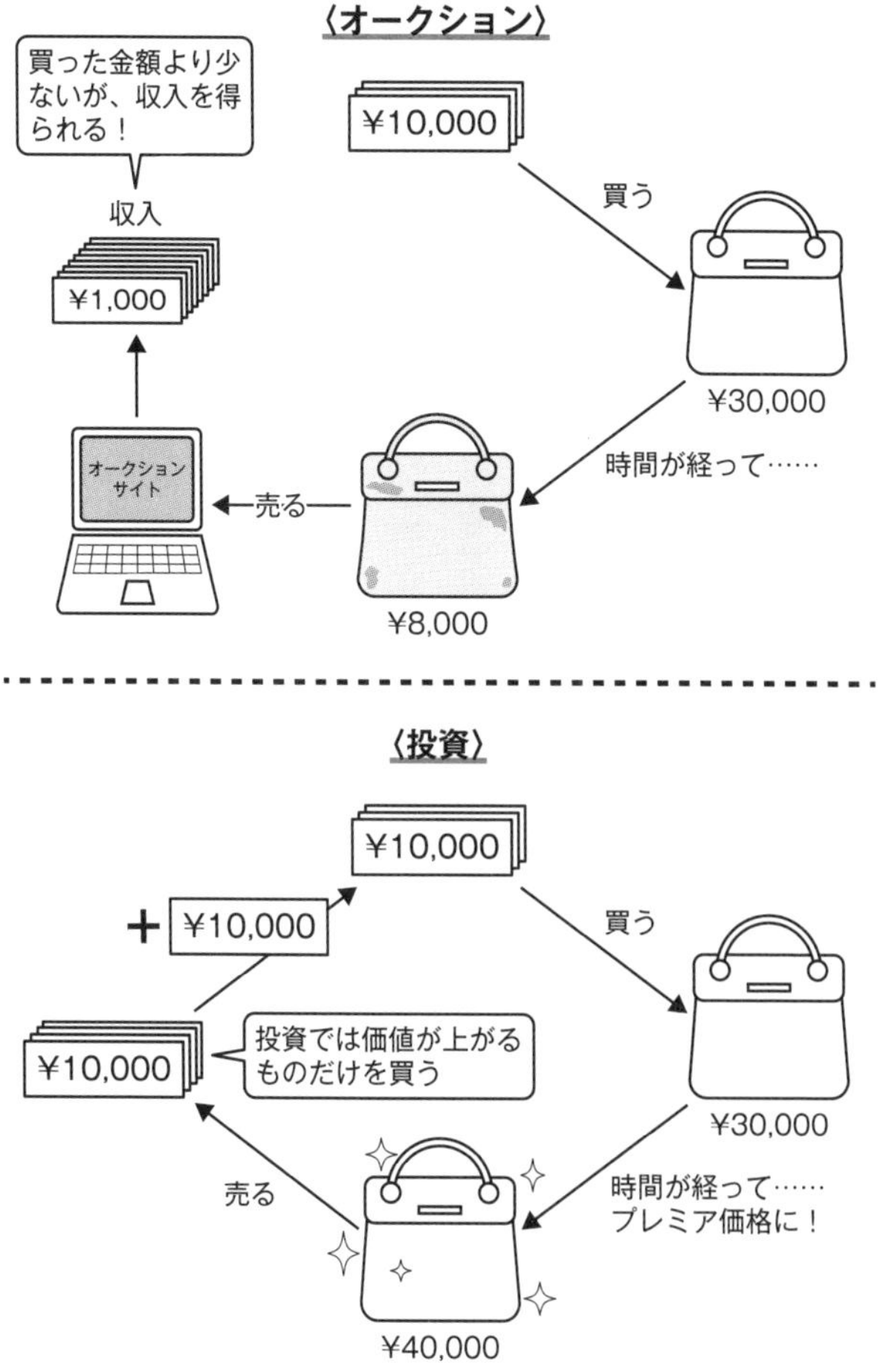

いる通貨と外貨を交換（トレード）します。オークションでいう「モノ」が「お金」に換わっただけで、行っていることは同じなのです。

お金を〝価値がつけられたひとつの物体〟として見ることができるようになると、「お金はないけど、それに匹敵するものと交換できないか……」といった発想が出てきます。

「お金がないから働かないといけない」という解決策に縛られるのではなく、「今あるものをお金（もしくは自分が必要とするもの）に換える」というもうひとつの解決策を知ることで、「お金で困ることはない」という自信が芽生えてくるのです。

21 Q

将来的にどっちがお得？

A 自分が好きなものを買う

B みんなが欲しがりそうなものを買う

A

ANSWER

B

みんなが欲しがりそうなものを買う

「何となく欲しいから」と、感情でものを買うのではなく、価値をきちんと見極めようとすることで、価値以上の見返りを得ることができます。「自分ではなく周りの人は買うだろうか」という視点を持ってものを見ることは、衝動買い防止にもつながります。結果的に支出を減らすことにもつながっていきます。

買う前に1秒だけ「売るとどうなるか？」を考えてみる

お金の使い方で注意することは、買う段階で「売ること」を想定して買うということです。生鮮食品のように転売が難しいものは別ですが、洋服や時計のように**転売できるものについては、最初から売ることを考えて購入する**のです。たった1秒でいいので、意識してみてください。

残念ながら、買う段階から「売ること」を考えられる人はほとんどいません。買った時点で満足してしまうからです。

ではなぜこのように難しいことをあえてすすめるのかというと、「売ること」を意識しながら買う習慣をつけることで、自然とお金を大切に扱うようになるからです。

「今、目の前にあるものは、本当に自分が払おうとしているお金の価値に見合っているのか？」という視点が加わり、感情だけで行動しなくなるわけです。

これまでにもお話ししましたが、商品の価値が上がり、いざ売ろうとしたときに、買ったとき以上のお金が返ってくることがあります。投資でやっていることはまさにこれです。なるべく安いときに投資商品を買って、買ったとき以上の値段に上がったら売る。取引の仕組みとしてはまったく同じなのです。

もちろんすべての買い物がそうなるとは限りません。

しかし、**ただ「安いから」とか「欲しいから」という考えだけでものを買わず、価値をきちんと見極めようとすることで、価値以上の見返りが得られます**。この視点が加わると、**ムダ遣いが減り、結果的には支出を減らすことにつながります**。

投資商品を買う際も、売ることを想定していれば「日経平均が大台突破したから！」といった情報煽《せん》動で、高すぎる値段の株を買いたくなる衝動も抑えられるでしょう。

「まだ上がる」と思い続けて売り時を見極められず、結局株価が下がって〝幻の含み益〟で終わるのを防ぐことにもつながります。

Q22

投資力が鍛えられるのはどっち？

A 新聞の株価を見る

B スーパーのチラシを見る

A

ANSWER

B

スーパーのチラシを見る

投資を始めるうえで、「新聞に載っている株価の一覧を見なければならない」と思い込んでいる人もいるかもしれませんが、そうではありません。確かに株価の一覧を見ることは勉強になりますが、理解するのは難しく、習慣にするのはなかなか厳しいものです。人は、よくわからないことには興味が湧きません。スーパーのチラシであれば身近で、構えることなく見ることができます。

スーパーのチラシで投資力が鍛えられる

Q16で、「損する人は損切りができない」と述べましたが、決断すべきときにちゃんと決断できれば、大きな損失を抱えずに済みます。どんな場面で、どんなアクションを取ればいいのか、判断できる能力をしっかり身につけましょう。

そこで**おすすめなのが、新聞の折り込みチラシです。特にスーパーのチラシにある食品に関するものをチェックする**と、投資力が鍛えられます。新聞を取っていない人は、各スーパーの公式サイトに掲載のＷＥＢチラシ、または次のサイトでチェックできます。

- シュフー　https://www.shufoo.net/
- トクバイ　https://tokubai.co.jp/
- クラシルチラシ　https://chirashi.kurashiru.com/

なぜチラシで投資力が鍛えられるのか？

スーパーの折り込みチラシにある食品こそ、注目すべき商品です。**特に生鮮食品は、天候や収穫量によって値段が左右されやすく、市場の動きとの関係性もわかりやすく出る**からです。

たとえばレタスを思い浮かべてください。

冬期は値段も高く、一玉２５０〜３００円ということもザラ。しばらくして安定して採れるようになると、一玉１００〜１５０円くらいまで下がり、手に取りやすい価格になってきます（２０２４年時点）。

そのほかの野菜も同様で、年中収穫できる野菜は別ですが、季節野菜は価格の変動があります。天候に恵まれて豊作となったときは価格が下がりやすくなり、反対に、台風などの災害で被害を受けたときは価格が上がりやすくなります。

図16　チラシから何が読み取れるか？

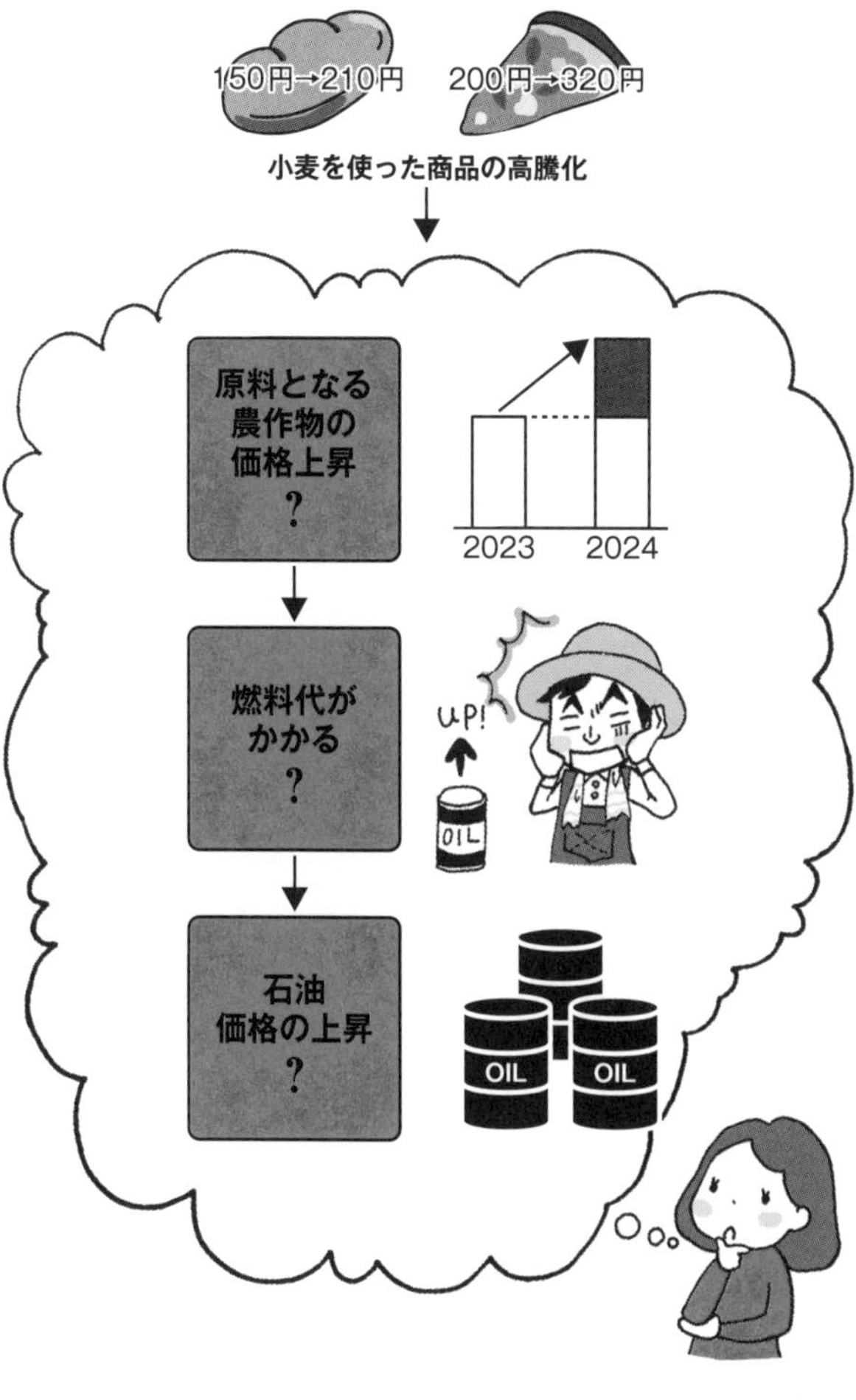

スーパーのチラシで食品（特に生鮮品）を見ていると、「今日はサンマが安い」「あれ、牛肉が高くなっている」など、意識的に価格をチェックするようになります。それが、結果的に投資力を鍛えることにつながるのです。

野菜の値段が上がる要因は天候以外も考えられます。

たとえば戦争が始まってしまい、燃料となる原油価格が上がると、野菜の値段も上がることがあります。原油価格が上がると、野菜を収穫する機械の燃料代や輸送費が上がるからです。**原油は先物の投資商品としても扱われており、実は間接的に投資商品の値動きを知ることと関係している**のです。

もっと言えば、野菜を原料に加工食品を作っている企業は材料費が上がるので、利益が減って業績悪化＝株価が下落する、というところまで想像することができます。チラシに載っている商品から、投資のシミュレーションができるのです。

もちろん最初からここまで考える必要はありませんが、食品に絞って価格の動きを知っていくと、そこからいろいろな分野に派生させることができますし、食費の見直しにも役立ちます。まずは価格の動きに意識を向けて、チラシをチェックすることから始めてみてください。

ニュースを見てから動いても遅い

商品の価格変動が大きいと、ニュースでも取り上げられます。しかし、報道された時点で、その情報は古いと考えたほうがいいでしょう。多くの人がその情報を見て行動するからです。

たとえば２０２２年後半～２０２３年にかけて、「小麦価格が高騰し……」といったニュースがあちこちで流れていました。しかし、小麦価格に連動している投資信託（1695:WT 小麦）の価格推移を見ると、高騰しているのは２０２２年前半。２０２２年後半～２０２３年にかけては、むしろ下落傾向となっているのです。つまり、2022年前半に価格上昇した事実が報道されるのは、必ずそれ以降になるのです。

実際は為替なども複雑に絡むので、日常生活で見える価格とはズレる面もありますが、いずれにしても、**ニュースは価格変動が起こった後のタイミングで発信されるということを知っておいてください**。投資家はニュースが出たときには既に投資済みで、ニュースを見て「高値でも買いたい」と思った人たちに売ってあげることで利益を出しているのです。

人と同じことをしても、良い結果は得られません。**良い結果を得るためには、日々の価格チェックがすべての始まりです**。「今日は価格が下がっているからこんなアクションを取ろう」と、自分ならではの行動基準を身につけることが重要です。

23 Q

株を買うならどっち？

A 特定口座（一般口座）

B NISA口座（2024年以降版）

A

ANSWER

B

NISA口座（2024年以降版）

基本は「NISA口座」を利用して株を買うのがおすすめです。しかし、条件によっては「特定口座」（一般口座）が適していることもあります。

「NISAってよく聞くからいいものだろう！」と安易に始める前に、メリットとデメリットを理解したうえで活用しましょう。

NISA口座のメリットとデメリット

投資を始める際に、まずは証券口座を開設する必要があります。その際、さまざまな選択肢がありますが、初心者におすすめなのがNISA口座です。

多くの人にとって非常に高い効果を発揮するので、NISA口座の開設は必須レベルでしょう。しかしNISA口座にもデメリットは存在します。NISA口座の話に限りませんが、メリットとデメリット、両方を知ったうえで活用できるようにしていきましょう。

NISA口座のメリット

まず**NISA口座の最大の魅力は、利益にかかる税が非課税になる点です**。通常、投資から得られる利益には税金が課されますが、NISA口座を利用することでその利益を税金の負担なく受け取ることができます。

たとえば、特定口座（一般口座）で個人が日本株で10万円の売却益を出した場合、約20％にあたる2万円を税金として支払う必要がありますが、これがゼロになるのです。利益額が大きくなるほどメリットがより大きくなります。

また、**NISA口座は18歳以上であれば誰でも利用することができ、年齢上限が設けられていません。**

将来的な資産運用の口座として「iDeCo」（個人型確定拠出年金）はよく知られていますが、これには年齢上限が設けられています（2024年時点）。NISA口座はより幅広い年齢層の人々に開かれている口座であると考えると、それはメリットのひとつとして挙げることができるでしょう。

NISA口座のデメリット

しかし、NISA口座を利用する際にはいくつか注意すべきデメリットもあります。

ひとつは、**損失繰越ができないこと**です。ＮＩＳＡ口座で投資して生じた損失を、翌年以降に繰り越すことができないのです。

特定口座（一般口座）は、確定申告をすれば、損失が出た際にその損失を次年度以降に繰り越して、税金の負担を軽減することができます。

もちろん、誰もが損失を出さないように運用しようとするわけですが、将来どのような出来事が起こるのかは誰にもわからない世界の中で、「絶対に元本割れしない」という保証はありません。

もしそのような事態が訪れた場合、ＮＩＳＡ口座では塩漬け状態で持ち続けるしかありませんが、特定口座（一般口座）ならばリスク回避策があることは知っておいたほうがいいでしょう。

さらに、**ＮＩＳＡ口座には年間の投資額に上限が設定されています**。この上限を超えた投資は非課税の対象外となりますので、大きな金額を一度に投資したい人にとっては、この制限がネックになる可能性があります。

まとめると、NISA口座は、利益非課税という大きなメリットを享受できる一方で、損失繰越ができない、年間投資額に上限があるといったデメリットもあることを理解しておきましょう。

これらの特徴を踏まえたうえで、自分の投資目的やリスク許容度に合わせてNISA口座と特定口座（一般口座）を上手に使い分けることが重要です。

なお、NISA口座は非課税ではあるけれど、Q12でお伝えした「社会保険料」は税金ではありません。つまり、投資で得た利益（金融所得）に社会保険料などを課すことは論理的には可能ということです。NISA制度を作ったのは国ですが、税金でなくても実質〝強制徴収〟のお金を定めるのも国。ですので、時代が変われば、（国次第で）国が決めたメリットであっても崩れるリスクがあることを知っておいてください。

お金の「稼ぎ方」や「使い方」は、皆さんよく考えているのですが、これらに加えて、稼いだお金や貯金を「守る」ことを考えておくことも重要ですね。

Q 24

株を買うならどっち？

A よく使うお店の株

B みんなが買っている株

A

ANSWER

両方

よく使うお店の株
みんなが買っている株

よく使うお店の株を買うと、そのお店が成功したら配当金や株主優待といった形でその利益を享受できるメリットがあります。

みんなが買っている株は、多くの人がその銘柄に価値を見出しているため、成長する見込みがある（＝利益が出る可能性がある）銘柄であると言えます。ただし、需要がある銘柄は高値になりやすいので、購入の前にしっかり分析する必要があります。

株の成り立ちと多数決の原理

株式市場は、多くの投資家が集まる場所であり、その動きはとてもシンプルな原理に基づいています。株価の変動は、基本的に需要と供給のバランスによって決まります。**多くの人々が株を購入すれば株価は上がり、逆に売りが多ければ株価は下がる**のです。つまり「多数決の原理」で相場は動いているのです。

そのため、多くの人々が購入している銘柄に投資することは、ある意味で合理的な選択と言えます。**市場参加者の多くがその銘柄に価値を見出している証拠とも見える**からです。

しかし、この選択をする際には慎重さも求められます。

特に現代では、ＳＮＳなどを通じて情報が瞬時に広がりますが、その情報が必ずしも正確であるとは限りません。安値で株を買った人たちが「売れている感」

図17　株価が変動する仕組み

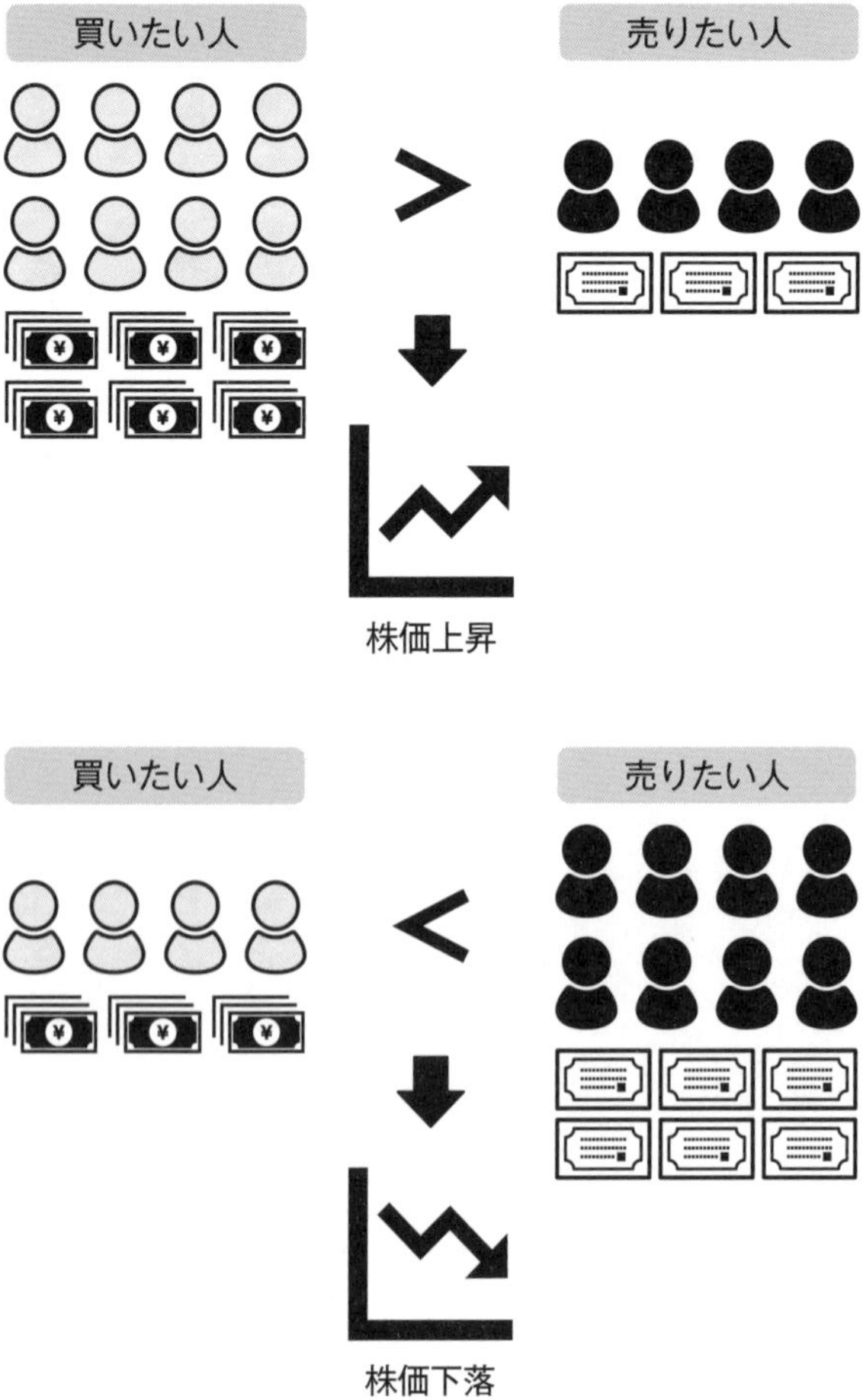

を演出して、買い注文を集めて株価を釣り上げて、自分たちの株を売っているだけの、実態を伴わない株価上昇の場合も少なくないからです。

また、既に価格が高騰している銘柄に手を出すと、「高値づかみ」のリスクを負うことになりかねません。**投資判断をする際には、経済情報に振り回されずに価格のトレンドや節目などをしっかりと分析することが大切なのです。**

ただ株式投資の魅力は、単に価格の上下だけではありません。

株は元々、企業が活動するための資金を集める目的で発行されるものであり、投資家はその企業の一部を所有している（＝株主）という見方になります。株主は出資した分、企業が成功した際に配当金や株主優待といった形で、その利益を享受できます。

つまり、**自分が応援したい、またはよく利用する企業に投資することは、その企業を支援すると同時に、自身の経済的利益にもつながる可能性がある**のです。

たとえば、あなたが普段からよく利用するお店の株を購入すると、企業によっては株主優待として、そのお店で使えるクーポンや割引サービスを受け取れるかもしれません。

人が本当に欲しいものはお金ではなく、「お金を使って得られるもの」と考えると、株主優待の形で普段買っているものが手に入れば、結果としてはOKなのです。もっと言えば、この流れで得たものやサービスはお金を介していないので、税金とは無縁という点でもメリットといえるでしょう。

Q 25

Q24の株を、どっちも買えるお金があったとしたら、どうする？

A どちらか一方だけを買えるだけ買う

B 半分ずつ買う

A

ANSWER

B

半分ずつ買う

どちらかの株だけを買う場合、その投資先が大きな損失を出したり、倒産したりした場合に資金をすべて失う可能性があります。リスクを減らして安定したリターンを目指すためにも、半分ずつ買う「分散投資」がおすすめです。半分ずつであっても、同時に買うのではなく時期をずらして、市場の動向を見ながら買うようにしてください。

卵はひとつのカゴに盛らないほうがいいのか？

投資を始めるときに直面する大きな選択のひとつに、**一点集中投資**と**分散投資**があります。古くからの投資格言に「卵はひとつのカゴに盛るな」というのがありますが、リスクを管理し、安定したリターンを目指すためには、一般的には分散投資が推奨されます。これは、投資の世界では絶対ということが絶対にないという、不確実性を考慮したアドバイスです。

仮にひとつの投資先が失敗に終わったとしても、ほかの投資先が成長していれば、全体としての損失を抑え、トータルでの利益獲得を目指すことができます。

なお、分散投資の「分散」をもう少し細かく見ると、銘柄分散と時間分散の2つに分けられます。

銘柄分散は、異なる種類の資産に投資することで、相場の変動に強い組み合わ

図18　分散投資のイメージ

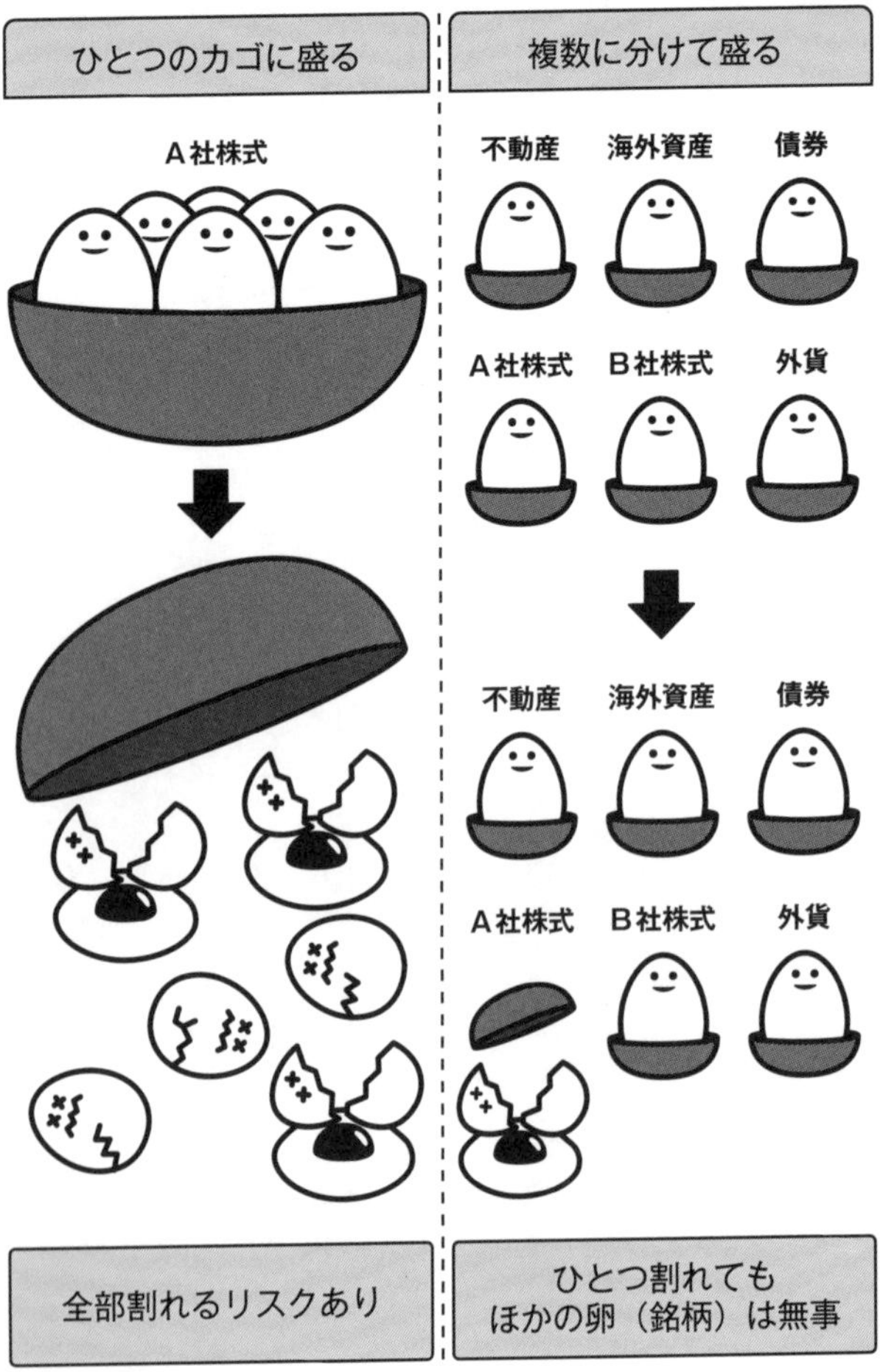

せで投資商品を持っておく方法です。

たとえば、株式だけでなく、債券や不動産、海外資産など、複数の資産クラスにわたって投資することで、一部の相場が下落してもほかの相場の上昇により、全体のバランスを保つイメージです。

時間分散は、投資のタイミングを分散させることにより、相場の上げ下げによるリスクを軽減する手法です。

特に有名な手法として、長期的に上昇傾向にあると考えられる市場に対して、定期的に一定額を投資することで、高値での購入リスクを避け、低い平均コストで資産を積み上げていく、「ドルコスト平均法」という手法はとてもよく知られています。

少額ずつでも分散投資を選ぶのがベター

分散投資のカギは、すべての投資が同時に失敗するリスクを減らすことにあります。

もし「分散するほど資金がない」という人は、一点集中投資をするしかないと思うでしょう。しかしながら「一点集中」なので、当然リスクは高まります。分散投資と比べると、管理する商品が少ないため管理コストは減りますが、その一点がダメになったら終わりです。

分散する資金がない人は、まずは分散投資できるだけの資金を貯めることから始めたほうがいいかもしれません。仮に一点集中投資でお金が増えたとしても、日常生活で浪費してしまって貯蓄ができない状態だと、結局増えたお金を使ってしまい、資金が増えない可能性があるからです。

特に投資初心者の人は、**少額の資金であっても、一点集中より分散投資を選択するほうが、長期的に見れば相場の急変リスクを抑えつつ、資産を増やしていけるでしょう。**

26 Q

株の配当日前後、株価はどうなる？

A

配当日前は上がりやすくなり、
配当日後は下がりやすくなる

B

配当日前は下がりやすくなり、
配当日後は上がりやすくなる

A

ANSWER

A

配当日前は上がりやすくなり、配当日後は下がりやすくなる

株を買うと「株主優待」という形で、その会社の製品や配当金などが支給されます。これらの配当をもらえる権利が確定する権利確定日の前は、みんながその権利を欲しがるので、価格は上昇しやすくなります。そして権利が確定した後は売りに出し、下落しやすくなる傾向があります。賢い投資家は、このタイミングでお買い得な株を安値で買っています。

TIPS!

賢い投資家と主婦がやっていることの本質は同じ

賢い投資家がやっていることと主婦がやっていることは、実はまったく同じです。「価格が安くなるタイミングで買う」というこのスタンスは、株をはじめ、すべての投資銘柄の売買に応用することができるのです。

投資家は価格が上がるか下がるかを予想して商品を買っているわけではありません。**スーパーのチラシを見て価格の安いときに「この時期に買いだめしておこう」と皆さんが思うように、ある程度の確信を持って買っている**のです。ですから投資は決して難しいものではなく、本来は小学生でもできることなのです。

TIPS!

投資で予想するのは厳禁

今、「ある程度の確信を持って」と書きましたが、**投資で儲けたいなら、「予想**

をしない」ことが大切です。

ほとんどの人は〝相場予想〟をすると、それがいつの間にか〝期待予想〟に変わり、都合の良い結果に結びつけてしまうからです。結果、正しい判断が下せなくなってしまうのです。

高く売ることをイメージして安く買うわけなので、ある意味予想しないというのは難しい面もあるのですが、多くの人にはその予想にきちんとした裏付けがありません。そのため「上がる」と予想したら、「下がる」という現実を受け入れられなくなります。結果、先にもお話しした「損切り」ができなくなってしまうのです。

相場に限った話ではありませんが、未来がどうなるかは誰にもわかりません。あくまでも過去の情報を材料に、根拠を判断するしかないのです。

天気予報も過去何十年分ものデータを元に予想はしていますが、外れることもあります。100％の確率で的中することはありません。

図19　予報は「参考情報」に留める

Q 天気予報で「雨が降る」とありました。あなたは傘を持って行きますか？

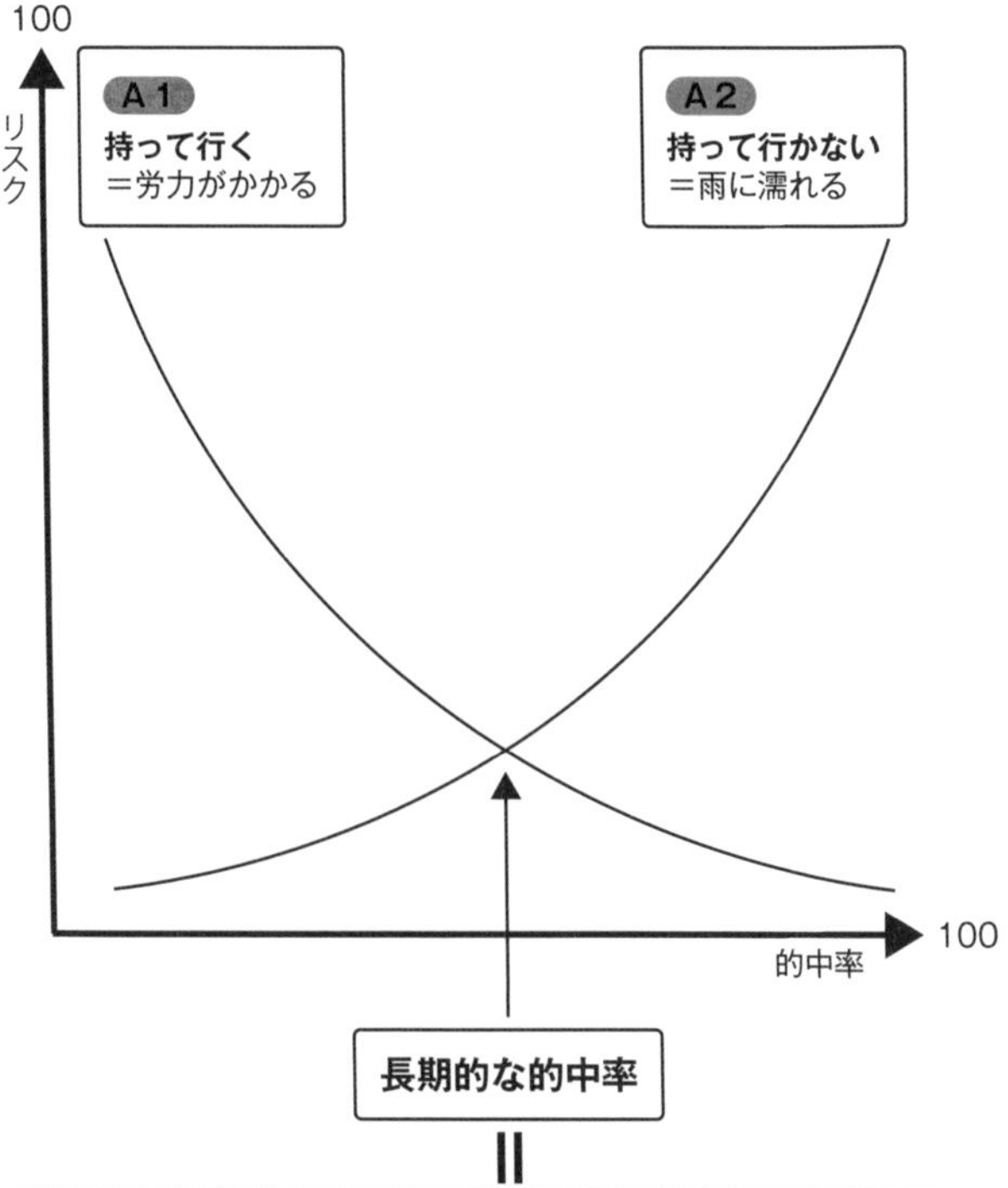

日常生活では、直近の天気がこの確率より高いか低いかを判断の参考材料にしている

ですから皆さんも、「くもり」の予報が出ていても、雨が降りそうだと思えば傘を持って行くでしょうし、予報が当たりそうだと思えば傘を持って行かないと思います。予報を信じてそのまま行動するというよりは、あくまでも〝参考情報〟として捉えていると思います。

天気予報に比べると、相場の予想の精度はさらに落ちるため、あまり参考にならないと私は考えています。

実際に調べてもらえればわかりますが、**いつの時代も、常に「相場は上がる」という専門家と「相場は下がる」という専門家がいます**。見方や時間軸など、さまざまな要因によってどちらとも考えられるからです。結果、予想は「どっちもあり得る」ということになってしまうのです。

そのため私たちは、むやみに相場を予想して期待するのではなく、**過去の情報から根拠となるポイントを見つけて取引するのがいい**のです。

27 Q

日経平均が下がったときにはどっちの株を買う？

A 価格が下がった株

B 価格が上がった株

A

ANSWER

A 価格が下がった株

儲けている投資家は、あえて価格が下がった株を買い集めています。それは株価下落の状況が晴れた後にまた価格が上がり始め、利益を生むことを知っているからです。Q24でもお話ししたように、みんなが売りたいと思っているときが「買いどき」で、みんなが買いたいと思っているときが「売りどき」ともいえます。

そもそも「日経平均」って何？

日経平均が下がったときに価格が下がった株を買う理由を説明する前に、そもそも「日経平均」と聞いてピンとくるでしょうか。聞いたことはあるけれど、よくわからないという人も少なくないと思います。特に、投資をやらない人にとっては縁がないと思うかもしれません。

日経平均とは「日経平均株価」の略で、簡単にいうと、日本経済の景気や収益性が、今どのような状態にあるかを示す株価の目安になります。トヨタをはじめとする日本を代表する企業２２５社の株価を足し、「除数」と呼ばれる特別な数字で割って算出しています。

日経平均の株価が上がれば、平均してその２２５社の調子が良いということになりますし、株価が下がれば、調子が悪い、と考えることができます。

投資家は、この情報をひとつの指標として株の売買を行っているわけです。

では「今日の日経平均は下がっている」という報道があったとき、景気はどうなっていると考えられるでしょうか。

その答えを出すうえで、ものを売買するときの人の心理が参考になるので、紹介したいと思います。

どんなときに価格が上がったり下がったりするのか？

たとえば今まさに人気絶頂のアーティストが、枚数限定のCDアルバムを出すとします。おそらく、多くの人が欲しがるでしょう。仮にあなたがファンだった場合、いち早く手に入れたいと考えると思います。

CDを販売する会社はできるだけ高く売りたいと考えますから、設定した価格をあえて最初から大幅に値下げして売ることは考えにくいと思います。消費者は、価格が高いときに購入することになります。

では、売り切れた場合はどうなるでしょう。ものによってはオークションなどで価格が数倍に跳ね上がることも考えられます。ものの数より欲しがる人数のほうが多いので、どうしても価格が上がってしまうのです。

しかし仮に、そのアーティストが罪を犯したなど、マイナスの情報が報道され始めるとどうでしょうか。多くの人は「犯罪者のＣＤなど持っていたくない」と思い、みんなが「要らない」と思う状況ができあがってしまいます。当然、手に入れた限定ＣＤを売ろうと考える人が増えます。ところが、多くの人が同じことを考えるので、高値で買ったＣＤでも、安値でしか売れなくなってしまうのです。

この事例を、先ほどの質問に当てはめて考えてみましょう。

日経平均が下がっているということは、２２５社の株価の平均が下がっているということ。その会社の株を「売りたい」と考える人が増えることで、日本経済の景気も「悪くなっている」と捉える人が多くなると考えられます。

しかし、全体の価格が下落していても、価値の高い株というものは必ずあります。たまたま「景気が悪い」という報道に引きずられて下落しているだけなのです。

です。

儲けている投資家は、そういう株を買い集めています。それは株価が下落した後にまた価格が上がり始め、利益を生むことを知っているからです。

多くの人は、「良いものを安く買いたい」。そう思っていると思います。

しかし実際は、紹介した事例のように真逆のことをやっている人が多く、ものの価格が上がっているときに買い、安いときに売っているのです。

つまり、みんなが売りたいと思っているときが「買いどき」で、みんなが買いたいと思っているときが「売りどき」ともいえます。

「人の行く裏に道あり花の山」という投資格言がありますが、報道に惑わされず、周りと違う行動を取れるようになると、安値で買って高値で売ることができるようになります。最初は難しく感じるかもしれませんが、意識して人の逆の行動を選択することによって、投資力は鍛えられていくのです。

CHAPTER

4

情報分析と判断がカギ！
お金が貯まる思考力を鍛える

実際に投資を始めると、情報を得れば得るほど、相場を予想したくなると思います。しかし、先にもお伝えしましたが、あくまでも情報は材料のひとつとして割り切ることが大事です。過去の値動きを参考に判断することをおすすめします。

この章では、実際のシーンをもとに、問題を解きながら投資に必要な思考力を鍛えてもらいたいと思います。

28 Q

売上が高くなりやすいのはどっち？

A 3種類の商品を販売する会社

B 30種類の商品を販売する会社

A

ANSWER

A

3種類の商品を販売する会社

一見、選択肢がたくさんあるBのほうが、いろいろな人の趣味趣向に合わせた商品を提供できるので売上が高いと考えそうですが、逆です。選択肢が増えれば増えるほど、人は迷いやすくなります。反対に選択肢が限定的になればなるほど、決断しやすくなるのです。

選択肢が増えれば増えるほど人は迷いやすくなる

ここでお伝えしたいのは、**情報を中途半端にたくさん収集してしまうと、買うかどうかを決断するのが難しくなる**ということです。

専業投資家であれば、徹底した情報収集もできると思いますが、ほとんどの人は副業で投資することになるので、専業の人に比べると、どうしても収集できる情報量に限界があります。

もちろん、だからといってまったく情報収集しなくてもいいわけではありません。**ある程度情報を集めたら、行動に移そう**ということです。

人は一般的に、知識がある程度身についてくると、「知識欲」が湧いてきて、いわゆる「うんちく」を語る傾向にあります。

そうなると、安値のときは「本当に安値なのか？」という情報収集に明け暮れ、そうこうしているうちに安値で買えるタイミングを逃してしまいます。そして高値になったら「安値になるのはいつか？」と、また情報収集に明け暮れて、いつまでたっても利益が生み出せない状態になるのです。

私が教えてきた受講生にも、このジレンマに陥り、知識は十分あるのに利益を生み出せない人がいました。底値で買えたはずだったのに、さまざまな情報に振り回されて買うかどうかを悩み、結局買えずに終わってしまったのです。そこで買っていれば、最終的には数十万円、数百万円の利益につながったのにもかかわらず、です。

「相場師は日柄を大切にする」という言葉があります。これは、値段（株価）にこだわりすぎて好機を逃すことのないように、というアドバイスです。好材料であっても悪材料であっても、時間が経過するほど、新鮮味が薄れてきます。

何事にも、タイミングがあります。頭でっかちになりすぎて、そのタイミングを逃さないよう気をつけましょう。

図20-1　売買にはタイミングがある①

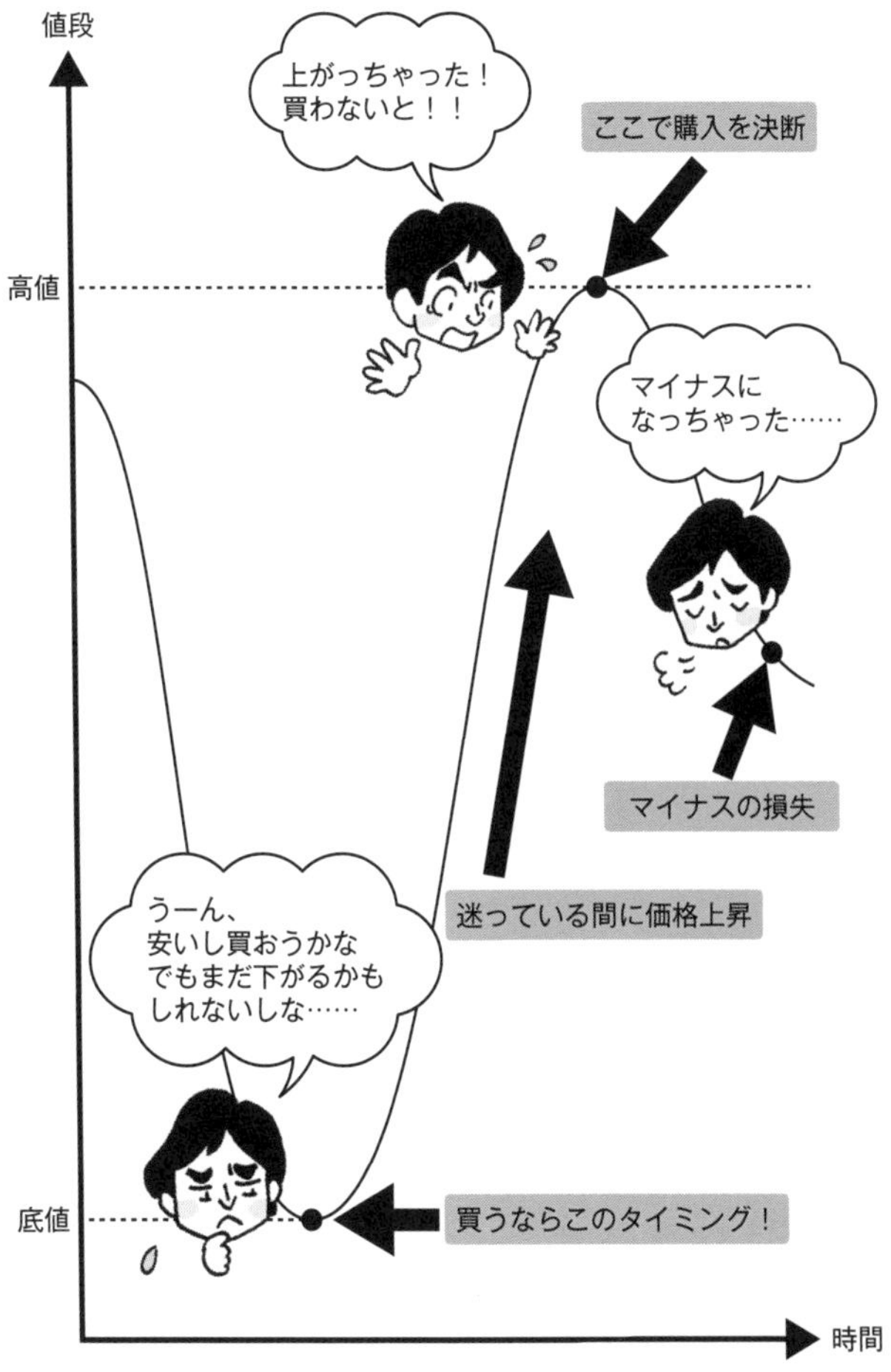

図20-2　売買にはタイミングがある②

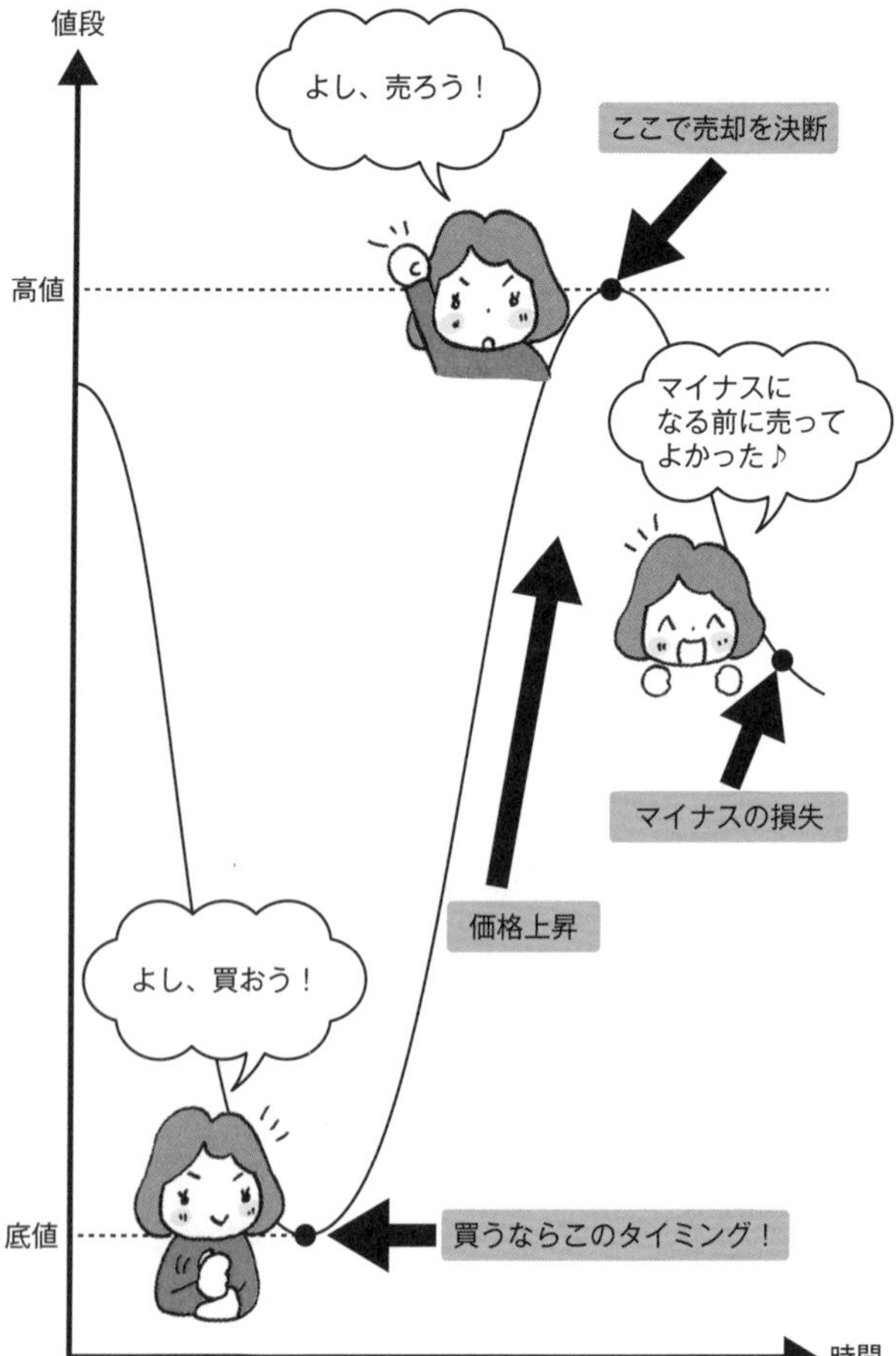

29 Q

ニュースで「日本の景気が良くなる」という予測が発表されたら、株価はどうなる？

A 上がる

B 下がる

A

ANSWER

両方

上がる　下がる

「景気が良くなるんだから、価格は上がるだろう」と思ったかもしれませんが、一概にそうとはいえません。良いニュースが出ても価格が下がることもあれば、悪いニュースが出ても価格が上がることもあります。

ニュースから結果を予想するのは意味がない

仮に、この予測が公表される前に「実は景気って良くなっているみたいだよ」という噂《うわさ》が広がっていた場合、ニュースで報道された時点では、既に状況が変わっている可能性があります。

相場格言に「噂で買って、事実で売る」という言葉があります。噂になった段階で買って、事実として発表された段階で売ったほうがいいという意味です。

これを実行する人は、「景気が良くなる」という予測が発表されるや否や、持っている銘柄を売りまくろうとします。結果、発表された予測が良い内容だったとしても、売る人のほうが多ければ、価格が下がる場合もあるのです。

つまり**ニュースの内容は、価格の上下とは何ら関係がない**のです。

ではニュースなどの情報収集（ファンダメンタルズ分析）をまったく行わなく

てもいいのかというと、そんなことはありません。

発表された情報から結果を予想するのではなく、あくまでも**発生した出来事を“事実”として受け止めることが大切です**。そのため**他者目線、世の中一般の見方を知るという意識を持ちながら情報収集を行うといい**と思います。

今、世間では景気をどのように受け止めているのか。

相場に参加している人はどのような意見を多く持っているのか。

このように**いろいろな観点から「事実を知る」という意識で情報を集め、理解することが投資では大切**だと考えます。

図21　ニュースと価格の関係性

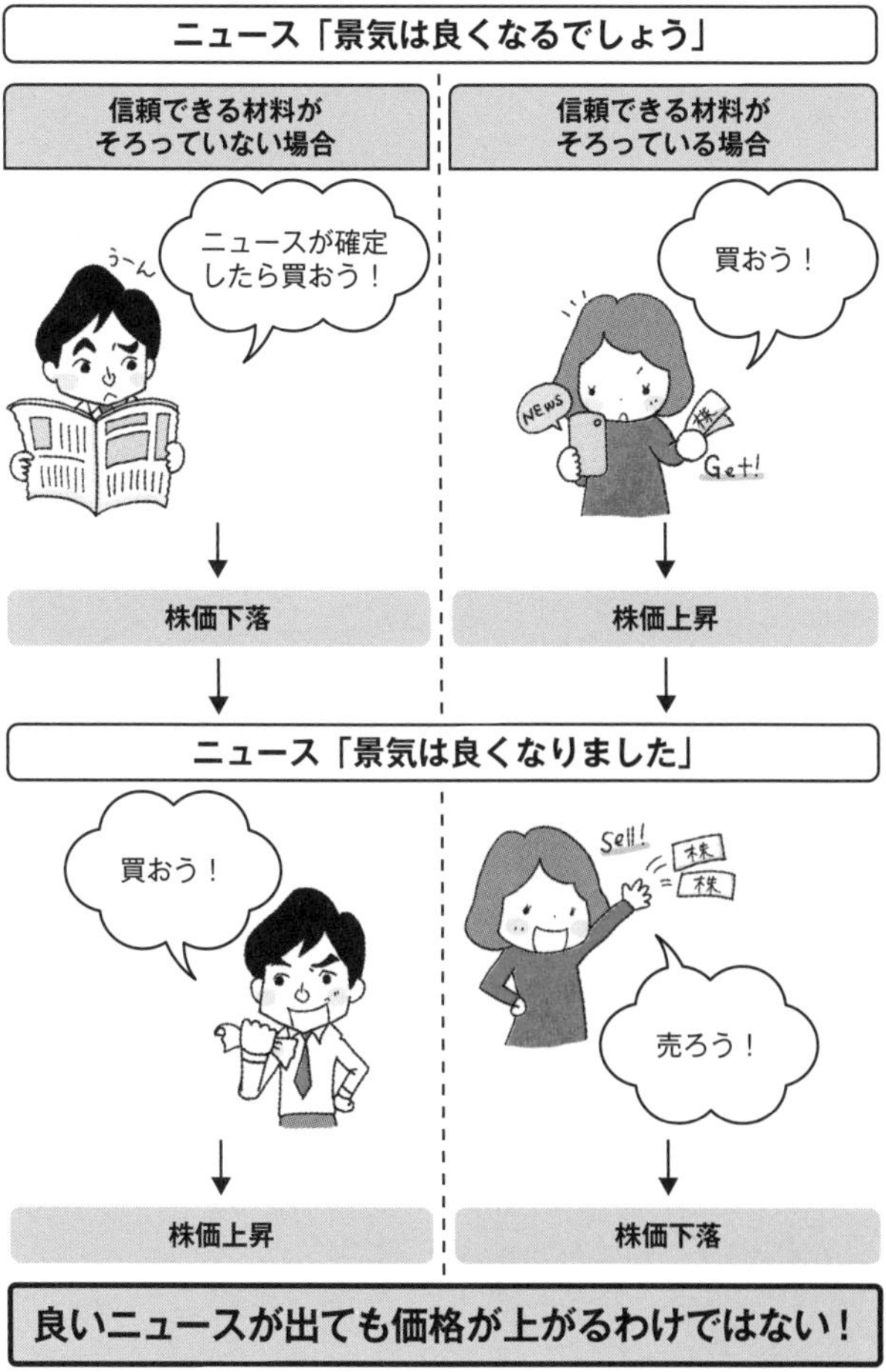

景気いいみたいだから
ハワイに行ってきまーす！
景気上昇！
氷 氷
冷静になってて！

30 Q

あなたは今、ある資産を売ろうとしています。ところが次の権利のうち、どちらかひとつを選ばなくてはならなくなりました。どっちを選ぶ？

A
80万円が確実にもらえる権利

B
１００万円もらえるかもしれないけど、15％の確率で０円になってしまう権利

A

ANSWER

B

100万円もらえるかもしれないけど、15%の確率で0円になってしまう権利

期待値として計算すれば、Aの場合もらう金額は「80万円×100%＝80万円」に対して、Bは「100万円×85%＝85万円」ということで、Bのほうがもらえる金額の期待値は高くなります。

人は基本的に「お金を増やしたい」気持ちよりも「損したくない」気持ちのほうが強い傾向があります。しかし感情に任せて考えてしまうと、客観的かつ論理的な思考ができなくなってしまうのです。

感情的なときほど論理的に考えよう

資産価値があるものを買う状況になると、人は意外なほど非合理的な考え方をしがちです。特に今回の問題のような状況に置かれると、多くの人は「80万円確実にもらえる権利」を選びます。

では、前ページの解説にあるように、後者であるBのほうが得られる金額と期待値がともに高いのに、なぜ人はAを選んでしまうのでしょうか。

それは「損をしたくない」と考えるからです。

しかし、「損をしたくない」という気持ち（感情）だけで判断してしまうと、いざというとき、本当の意味で損をしない選択ができなくなってしまいます。

このあともうひとつ同じような問題を出しますので、自分ならどうするか、イメージしながら回答を考えてみてください。

損したくない!
80万確実!
100万
15%の確率で0円
そっちでいいの?

31 Q

損害賠償をしなければならない場合、どっちを選ぶ？

A

賠償金として80万円を支払う

B

100万円を支払うかもしれないが、裁判の判決によっては15％の確率でまったく支払わなくてもいい

A

ANSWER

A
賠償金として80万円を支払う

今回の設問のような状況になると、多くの人はBを選びます。まったく払わなくていいかもしれないと考えてしまうからです。

しかしこれも冷静になって期待値を計算してみると、Aは「80万円×100%＝80万円」、Bは「100万円×85%＝85万円」を払うことになるので、Aのほうが損は少なくて済むことになります。

答え次第で、投資向きの考え方かどうかがわかる

ひとつ前のQ30ではお金がもらえる局面について考えてもらいましたが、今回はお金を支払う局面について考えてもらいました。

Q30でA「80万円が確実にもらえる権利」、今回の設問でB「100万円を支払うかもしれないが、裁判の判決によっては15％の確率でまったく支払わなくても良い」を選んだ人は、稼げるはずの金額を自ら減らし、損失が発生したときにその金額を大きくする選択をすることになります。

一方、Q30でB「100万円もらえるかもしれないけど、15％の確率で0円になるかもしれない権利」、**今回の設問でA「賠償金として80万円を支払う」と答えた人は、稼げる金額を伸ばし、損失額を最小限に抑える選択をすることができます**。まさに投資家向きの考え方といえるでしょう。

この設問でBを選んだ人は、残念ながら、現時点では投資家向きの考えとはいえません。

ただ、私自身も投資を始める前はそうでした。ネットオークションをはじめとした副業関係や、投資に関する本を読み、プロの投資家に教えを乞いながら、徐々に投資力を磨いていきました。

今回の答えが投資家向きでなかったからといって落胆する必要はありません。できなかったことをできるように変えていくのが成長で、そのために皆さんはこの本を手に取っているわけです。次のページからの設問も引き続き解きながら、投資力を磨いていきましょう。

32 Q

あなたはC社とN社、どちらのカメラを買おうか悩んだ末、C社のカメラを購入しました。その後、N社の製品を目にしたとき、どう考えますか？
購入したC社製と比べて……

A 「劣っている点」に目を向ける

B 「優れている点」に目を向ける

A

ANSWER

B

「優れている点」に目を向ける

基本的に人は「自分がこうだ」と決めたことに対して、仮にそれが誤っていたとしても、失敗だと認められない傾向があります。特に根拠もないのに自分が買ったものは価値が上がるとしか思えなくなってしまうのです。ですから、買わなかったものに対してつい劣っている点に目を向けがちですが、優れている点にも目を向けることを意識し、公平に見る目を養いましょう。

ものを買った〝後〟、人は偏った見方に陥りやすくなる

ここでは、悩みに悩んでC社のカメラを購入した後、別の店でたまたまN社のカメラを見かけた、という場面を想像してもらいたいと思います。

おそらく多くの人はAの「劣っている点に目を向ける」を選択すると思います。「N社のカメラは色がイマイチ」など、自分の買ったC社のカメラがあたかも優位に立っているかのような評価を下してしまうのです。

C社のカメラを買うまではそれぞれの製品を対等に比較できる状態だったのに、買ったタイミングで、自分の買ったカメラのほうが良いという偏った考え方に変わってしまうのです。

このような考え方は〝投資を行う〟という観点では少々問題があります。

仮にN社のほうが客観的に見たときに製品として優れていたとしても、公平に見ることができない状態になってしまっているからです。

基本的に人は「自分がこうだ」と決めたことに対して、仮にそれが誤っていたとしても、それを失敗だと認められない傾向があります。

より資産価値のあるものを売買するときには、さらにこのような考え方が顕著になります。**特に根拠もないのに自分が買ったものは価値が上がるとしか思えなくなってしまう**のです。そして実際には価値が下がったものをいつまでも上がると思い続け、気づいたときには大損を抱えている状態になっているのです。

ノートを見て冷静になる時間を作る

では、偏った考えにならないためにはどうしたらいいのでしょうか。

それは、「**ものを買った理由をノートなどに記録しておくこと**」です。最終的に売ることを予定している場合は、「売るとしたら、何年使って、いくら以上で売るか？」という理想まで書けたらベストです。

図22 ものを買った理由をノートに書く

●赤いバッグ

〈買った理由〉
好きなブランドかつ、好きなイラストレーターさんの絵が入った限定品だったから。

〈今後の理想〉
定価は３万円。５年使って、１万円で売りたい。

●人気アーティストの初回限定 DVD

〈買った理由〉
好きなアーティストだったから。

〈今後の理想〉
定価は１万円。飽きるまで見続けたい。売ることは考えていない。

❶ものを買ったらその理由をノートに書く

❷「売るとしたら、何年使って、いくら以上で売りたいか」も書く

↓

ものを売りたくなったとき、冷静に考える時間ができる

買おうと思った理由を記録しておくことで記憶しやすくすることもありますが、後日売るか迷ったとき、振り返って一度冷静になることができます。

ネットショッピングをするとき、すぐ買わず、いったん欲しいものリスト（カート）に入れて様子見する人もいると思います。これは衝動買いを防ぐ方法として大変有効です。後日改めて見ると、「本当にこれ買う必要ある……？」と、冷静に判断することができるからです。

行動する前にひと呼吸置くことで、一時の感情に振り回されることなく、自分の考えを見つめ直すことができます。

Q19、20で紹介したように、実際に商品を売ったことがある人なら、ものを買うより売るほうが労力のかかることを体感できているので、購入前にひと呼吸置けると思います。さらに**購入したものを使い切る、あるいは高値で売ることができるようになると、投資力も上がります**。最初から売ることまで考えるのは大変なので、まずは買った理由を記録することから始めましょう。

33 Q

福引きで体験するならどっち？

A

前の人が特賞・賞金20万円と商品券10万円をもらったのを見た後、賞金10万円が当たる

B

前の人がハズレだったのを見た後、賞金5万円が当たる

A

ANSWER

A

前の人が特賞・賞金20万円と商品券10万円をもらったのを見た後、賞金10万円が当たる

これはアメリカの行動経済学者リチャード・セイラー氏が実際に行った実験内容を身近なものに置き換えた設問です。もらえる金額だけを見ればAの10万円のほうがいいと思うのですが、実際にこの状況に置かれると、多くの人はBの5万円を選ぶという結果が出ています。

人は値段より、後悔しないほうを選ぶ

金額を見るとAのほうが明らかに高いのに、なぜ人はBを選んでしまうのでしょうか？　それは、Aのように自分の前で大当たりをしている人を見て、「もう少し早く並んでいたら……」と後悔したくないと考えるからです。たとえ**もらえる金額は少なくても、人は後悔したくない生き物なのです**。

ここでお伝えしたいのは、「後悔」という感情とどう付き合うかです。

人である以上、感情を消すのはおそらく無理でしょう。だとすると「後悔」という感情がある前提で、なるべく冷静な判断をしていくしかありません。

「後悔」には2つ種類があります。短期的な後悔と長期的な後悔です。

短期的な後悔は、字の通り、後悔が一瞬で終わるものです。自分が以前買ったものと同じ洋服が後日セールで売られているのを見つけて、「買わずに待っていればよかった」と思うのは、短期的な後悔です。

一方、長期的な後悔は、長きにわたって後悔の念が続くことです。「学生時代にもっと勉強しておけばよかった」とか、「仕事で同僚が表彰されるのを見て、もっと真剣に取り組んでおけばよかった」と思うような後悔です。

今回の設問でAと同じような状況に置かれた場合、そこで生じる後悔は〝短期的な後悔〟に該当します。受け取る金額が5万円であっても、10万円であっても、それが将来ずっと後悔し続けるほどの金額にはなりづらいでしょう。

しかし「やっておけばよかった」と思う後悔は、未来永劫関わってくることが多いのです。つまり、短期的な後悔は人生にそれほど影響を与えませんが、長期的な後悔は後々、大きな影響を及ぼすのです。

ですから「この選択肢を選んで、もし失敗した場合、何年先まで後悔するか？」という軸を持って選択するといいかもしれません。そうすることで、本当の意味での後悔はしなくて済むようになるのではないかと思います。

私はふだん、著書でよく「行動することが大事」とお伝えしていますが、投資に限っては、「待つ」ということも大事な行動なのです。

Q 34

あなたは初めて来た街でラーメン屋T軒とH軒を発見しました。どちらに入ろうか悩んでいると、3人組のお客さんがT軒に入っていきました。どちらのお店に入りますか？　事前情報はないものとします。

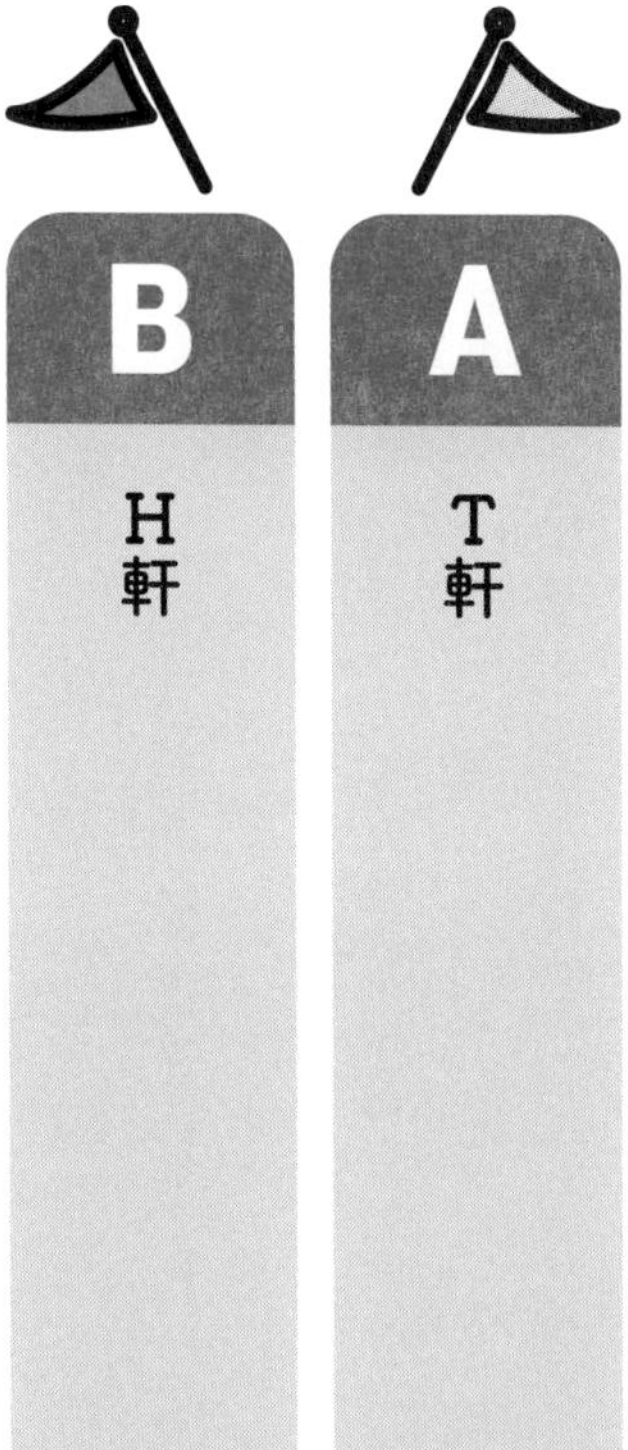

A

ANSWER

B

H軒

ほとんどの人は後から来たお客さんが入っていったAのT軒を選ぶことでしょう。人の行動に影響されて、「こっちのお店のほうが美味しいんだろう」と思ってしまうからです。

流されることは、結果として良いこともあるので、それ自体を否定するつもりはありません。ただし大事なことは、「自分の価値観を持ったうえで流される」ということです。

そこに自分の価値観はありますか？

設問に出てきた3人組が仮に地元の人でお店のことをよく知っている人なら、Aの「T軒」に入っても良い結果となるでしょう。ただ、その3人組もT軒に入るのが初めてで、何の下調べもしていないとしたら、ハズレのお店となる可能性もあります。あなたが事前にT軒の評判を調べていた場合は、もちろん別です。

つまり、**自分の価値観を持たずに他人の行動に流されてしまうと、失敗したときに他人のせいにしたくなる**ということです。

投資に限った話ではありませんが、失敗をすべて他人のせいにしてしまうと、その失敗から学んだり、改善したりしなくなってしまいます。

流されるときは自分なりの考えや客観的、論理的な考えを持ったうえで流されること。また、その決断がもし良い結果をもたらさなかったときは、その原因を他人にぶつけるのではなく、自分の中に探すようにしましょう。

MONEY
MONEY
MONEY

Q35

契約するならどっち？

A 掛け捨て保険

B 貯蓄型保険

A

掛け捨て保険

貯金で賄えないほどの治療費を支払うことになった場合には、保険が役に立ちます。ただし、掛け捨て保険の場合、支払った金額は戻ってきません。また、貯蓄型保険は、リターンが保証される一方で、管理費用や初期費用が高額であることも多いです。病気になったときにかかるコストと、支払い続けるコストを比較し、加入するなら自分に合ったプランを定期的に見直しましょう。

自分で資金を運用して、コストを賄うのもひとつの手であることも覚えておいてください。

TIPS!

住宅に次ぐ高額出費の商品とは？

「住宅に次ぐ高額出費の商品」とは何か、皆さんは知っていますか？
答えは「保険」です。たとえば、毎月1万7000円を30年間支払い続けた場合、その総額は600万円を超えます。この金額は、一般的な日本の家庭にとってかなりの負担ではないでしょうか。

保険は「いざ」というときの備えとして考えるものです。がんと診断された場合の治療費を例に考えてみましょう。

がん手術の治療費（自己負担額が3割の場合）は、だいたい50万円程度。毎月1万円の貯金を4年ちょっと続ければ貯金できる金額です。がんになる確率と保険料を支払い続けることのコスト効率を、比較検討する価値は十分にあります。

また、保険はサービス商品です。新しい治療法などが出るたびに、それらをカバーできる新しい保険商品が登場します。しかしこれは、**昔の保険商品だと時代遅れになり、新しい治療法には対応できない可能性もある**ことも意味しています。つまり、何十年と保険料を支払い続けたけれど、いざ保険が必要となったときに、最新のがん治療は「適用外」となってしまう場合があるのです。

確かに保険は、貯金で賄えない多額の費用が必要になったときに、その価値が大きく発揮されます。しかし同時に、支払う金額もそれなりに大きくなります。**保険に加入する際には、その保険が将来的に自分の健康や家族のニーズに合致しているかどうかを検討し、本当に必要な保険なのか、必要だとした場合は定期的に見直しを行うことが重要です。**都度、見直す時間を考えると、時間的なコストもそれなりになることを知ったうえで、保険は活用していきましょう。

貯蓄型保険のコスパはいいのか？

貯蓄型保険とは、簡単に言えば、定期的な保険料の支払いと引き換えに、将来一定の金額を受け取ることができるというものです。しかし、その費用対効果は十分に考える必要があります。

たとえば、子どもの教育資金を準備する場合、学資保険のような商品を選択するよりも、自分で運用したほうが有利であるという場合もあるのです。つまり、**保険商品が提供するリターンが、投資市場で得られるリターンよりも低くなる可能性がある**のです。

貯蓄型保険のメリットは、低リスクで、一定のリターンが保証されている点です。また、死亡保障などの付加的なメリットを享受できる点も挙げられます。

ただし、これらの保険は初期費用や管理費用が高額な場合が多く、実際に手元に戻ってくるリターンがそれほど多くない場合もあるのです。特にインフレの影響を受けやすい経済状況では、保険で返ってきた金額では必要な資金を補えないかもしれません。

一方、自分で資金を運用する場合、貯蓄型保険と比べて確実に高いリスクが伴いますが、リターンは大きくなる可能性が高まります。当然ながら、相場の変動に左右されるので、投資の知識と経験、そしてリスク管理能力は必須です。

貯蓄型保険がいいのか、自分で運用するほうがいいのかは、資金が必要となる時期や金額の目安、リスク許容度、投資に対する知識、将来展望などによって正解は変わってきます。**確実性を求めるならば「保険」**の選択が理にかなっていますが、**自由に資金を動かし、可能な限りのリターンを追求したい場合は、「自己運用」**の道を選ぶほうがいいかもしれません。

どの選択も、その人のライフスタイル、経済状況、将来計画によって大きく変わるため、「これが正解」と決めつけずに、最適な方法を見極めていきましょう。

36 Q

「円高ドル安」になると、どんなことが起きる？

A 輸入品の価格が高くなる

B 輸入品の価格が安くなる

A

ANSWER

B

輸入品の価格が安くなる

「円高ドル安＝円が高く売られて、ドルが安く売られる」ということ。円が高くなるということは、円の価値が上がるということなので、ドルの価値は下がり、１ドルあたりの円の価格は安くなります。今まで１００円払わなければ買えなかった輸入品が、１００円より安い価格で買えるようになるわけです。

円高ドル安＝円が高く売られて、ドルが安く売られる

ニュースを見ていると、よく「円高ドル安」「円安ドル高」といった言葉を見かけると思います。この言葉は、投資をする人はもちろん、投資をしない人も理解しておいたほうがお得です。なぜなら、輸入品の価格を調べたり、海外旅行に行ったりするときなどのひとつの目安になるからです。

「**円高ドル安＝円が高く売られて、ドルが安く売られる**」ということになります。

円が高くなるということは、円の価値が上がることなので、１ドルあたりの円の価格は安くなります。１ドル１５０円、つまり１ドル紙幣を買うのに１５０円必要だったのが、１３０円で済むようになると言えばわかりやすいでしょうか。

円高になるとどんなことが起こるか、身近な商品を例に考えてみましょう。

たとえばｉＰｈｏｎｅの本体価格が５００ドルだったとすると、

150円×5000ドル＝7万5000円
←円高ドル安
130円×5000ドル＝6万5000円

に下がり、1万円安く買えることになります。

ニュース番組が外貨情報を毎日放送する理由

私はＦＸもやっているので、この円とドル（外貨）の情報は常にチェックしています。というのもＦＸは、日本円と外貨を売買することで発生する差額で儲ける投資だからです。

ＦＸのデモ口座を既に開いている人、もしくはＦＸをやったことがある人ならわかると思いますが、ＦＸは、取引する銘柄が「通貨ペア」という形で表記されています。たとえば「ドル円」といったような表記方法です。

ニュースで「円高ドル安」と報じられているときは、この「ドル円」の価格は下落傾向で表現されています。

ではなぜニュースで「円安・ドル高」といった情報を毎日放送するかというと、価格が1円動いただけでも、輸出入業者の業績に影響が出るからです。

特に日本有数の企業の場合、その影響力は多大です。トヨタ自動車の場合、１円でも円高になると、４００億円の損失が出るといわれています。

つまり、「企業の業績が悪化すると給与や賞与が減少する」というふうに、身近な問題として降りかかってくるので、毎日報道されるというわけです。

通貨ペアってなに？

関連がよくわからない人もいると思うので、ここで通貨ペアの見方について説明します。

通貨ペアとは、売買する二国間の通貨の組み合わせです。

「ドル円」を例に挙げてみましょう。左のページ・図23を見てください。

ここでは、「ドル円」という表記の左側にある「ドル」が基軸通貨といわれ、買う対象となります。一方、右側の「円」は、決済通貨といわれ、ドルを買うために支払う通貨です。ドルを買うために、円という通貨で決済するわけです。

そのため「ドル円を買う」としたときには『ドルを買って円を売る』と読み取ります。反対に「ドル円を売る」としたときには『ドルを売って円を買う』と読み取ります。

「買う」「売る」といった動詞は、2つの通貨のうち先に出てきた通貨にかかると考えるとわかりやすいかと思います。また、最初に出てきた通貨が「買う」なら、後に出てくる通貨はその反対の「売る」となります。

では、「ユーロドルを買う」という場合はどう読み取ればいいでしょうか。

「買う」は先に出てきた通貨の「ユーロ」にかかるので、『ユーロを買う』となります。よって、後に出てくる通貨の「ドル」は「売る」。つまり、『ユーロを買

図23 通貨ペアとは？

〈ドル円の場合の読み取り方〉

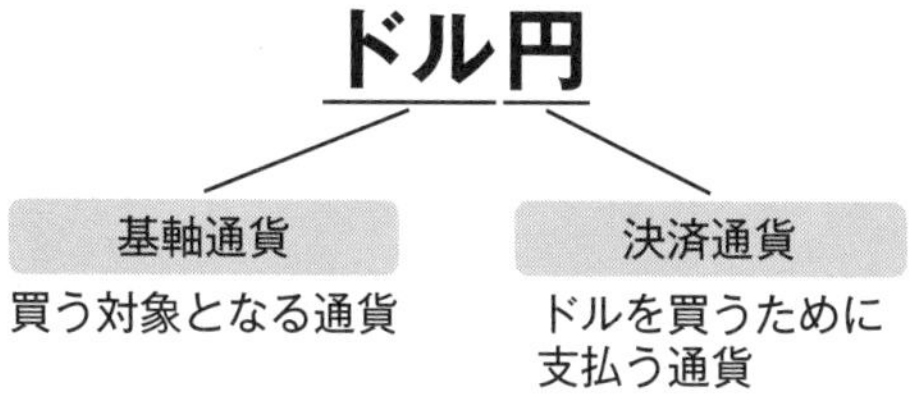

〈読み取り方〉

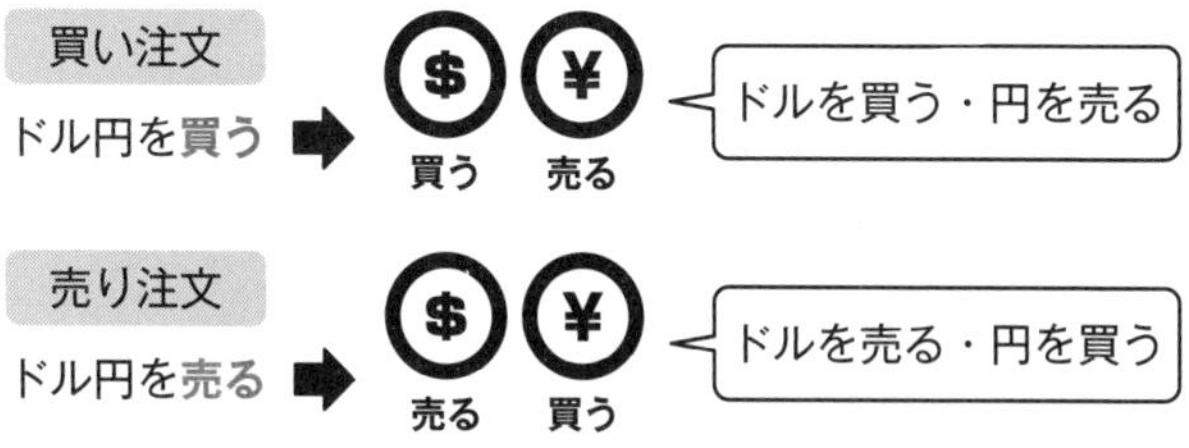

〈ドル円のチャート〉

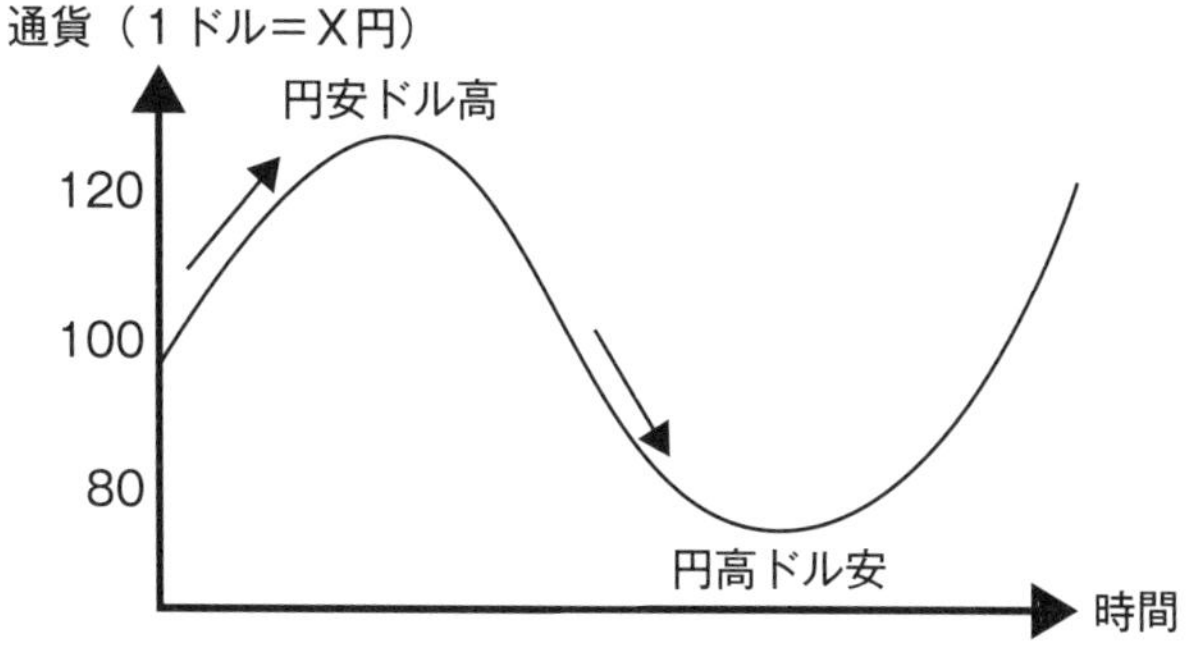

ってドルを売る』と読み取ります。

グラフはどうやって見るの？

また、「ドル円」のグラフは、ドルを買う人が多くなると上昇、売る人が多くなると下降のグラフとなります。

「円高ドル安」ということは、ドルを売って（米ドルの人気がなくなって）円を買う（日本円の人気が上がる）人が多い状態になりますので、「ドル円」の通貨ペアのグラフは下落傾向となるわけです。

グラフだけ見ていると、上昇下降という見方になってしまいますが、ＦＸの場合は、ペアで表示されている通貨の人気の力比べのようなものになるわけです。

このあたりが株などを買うのとは少し違った解釈となります。

Q 37

お金を増やすために大切なのはどっち?

A 時間

B 資金

A

ANSWER

A

時間

これが最後の問題です。ここまで収入の増やし方、支出の減らし方など、さまざまなことをお伝えしてきましたが、それらと同じように意識を向けてもらいたいのが、「時間」です。たとえ今お金がない状況でも、学ぶ時間があれば知識や経験を蓄積できますし、スキルアップしたことでお金（資金）を効率よく稼ぐことができます。

不労所得という言葉の幻想に惑わされない

これまで何度かお伝えしましたが、時間と引き換えに収入を得る、いわば労働対価によるお金の増やし方では、お金は思いのほか増えません。

誰もが1日24時間、収入の上限が決まっています。その中で何とかしたいと思うなら、自分の時給を上げていくしかありません。つまり、働いた時間に関係なくお金を生み出す方法を考えていく必要があるのです。

これを聞くと「不労所得（働かなくてもお金が入る仕組み）を持つ」という考えを思い浮かべる人がいるかもしれませんが、そんなものはないと思ったほうが賢明です。

たとえば出版することで得られる収入に「印税」があります。「働かなくても入ってくるお金」というイメージを持つ方は多いかもしれません。

確かに、本が売れるごとに印税は入ってきますが、本が刊行されるまでは入ってきません。執筆が終わってからも編集や校正作業、イラストの挿入、製本などいろいろな作業が発生するため、刊行にはある程度時間がかかります。すぐに収入になるわけではありません。**働かずしてお金が入ってくるわけではない**のです。

時間こそお金以上に大切な資産

不動産投資など、不労所得として挙げられるものは、ほかにもいろいろありますが、どの種類にも共通しているのは、**基本的に「お金」と「時間」を先行投資して、後から収入を得るという流れになっている**ことです。

不労所得として挙げられるものには、投資した時間とお金以上の対価が返ってくる可能性があるため、お金持ちになる人の多くは投資します。感覚的には金融資産をお金で買って、資産に働いてもらって収入を得るような感じになります。

図24　労働所得と不労所得の入金タイミングの違い

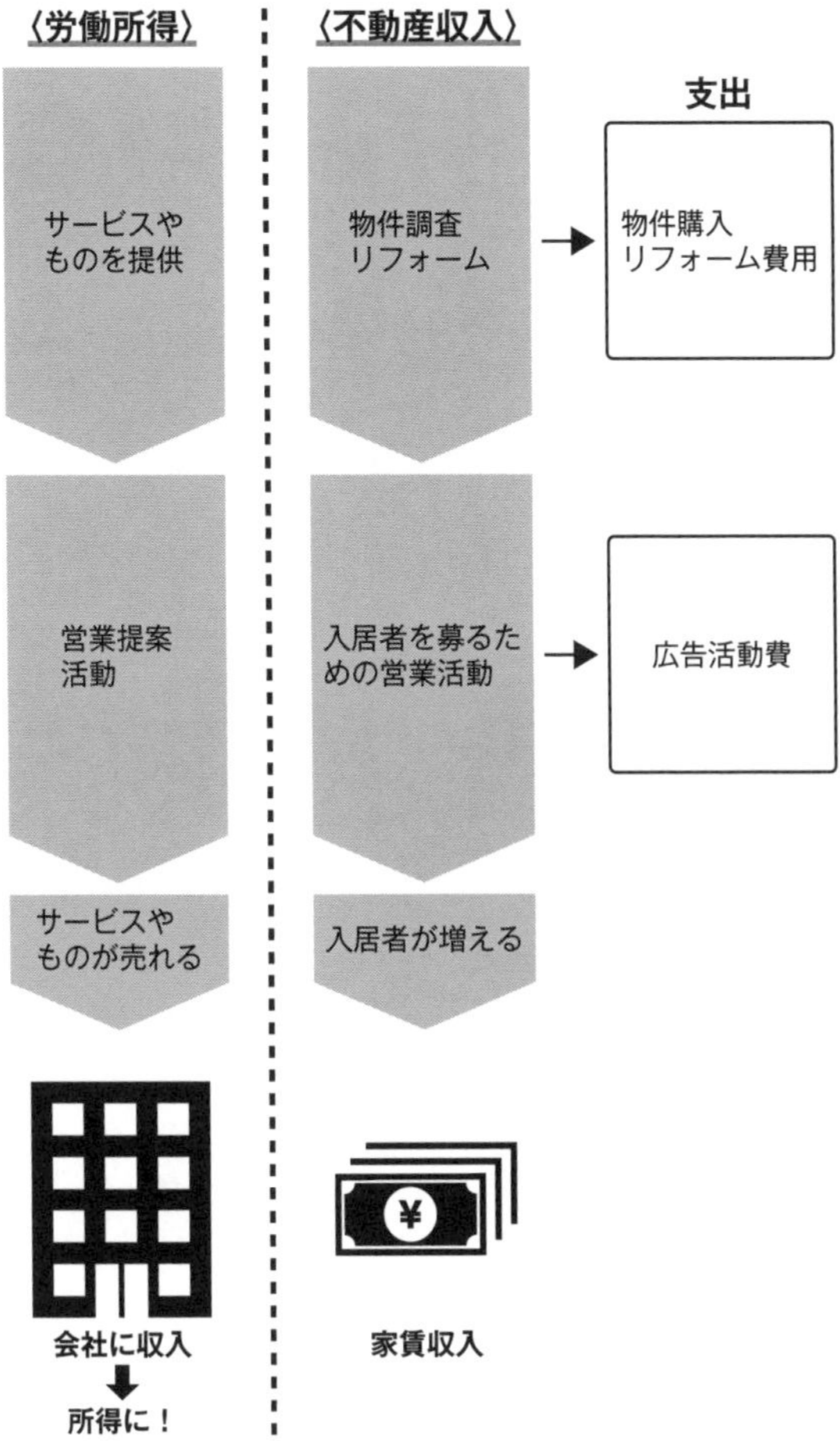

ただ、どちらで収入を得るにしても、必ず「時間」は必要になります。

株や不動産、先物などの投資をやるのであればお金も必要になりますが、これらの投資はどれも相当な経験と勉強を重ねないと、なかなか生き残れない世界です。勉強だけではなく情報収集の時間や分析する時間なども必要になります。だからこそ、特に時間が大事になるのです。

「買いたいと思っても買えない」という意味では、時間はお金以上に価値が高い資産だと考えるべきでしょう。

おわりに

いかがでしたでしょうか。

最後に皆さんに、ひとつお伝えしたいことがあります。

それは、言い訳をする人生は送ってほしくないということです。

「生活のために働かなければ……」

「つらいことがあっても、しょうがないか……」

というふうに、いつまでたっても言い訳ばかりが続く人生はつらいものです。

ですが、一歩を踏み出さない限り、その状況は変わりません。

ただし、いきなり投資は難しいと思っている人も多いと思います。

そんなときはぜひ、家族や近しい人と、お金の話をしてみてもらいたいのです。

世間ではいまだに、お金の勉強やお金の話をすることがタブーとされている雰囲気があります。しかし、お金の話をすることや、お金の勉強をすることは、決して悪いことではありません。誰しも大切だと思うものだからこそ、むしろよく話をしたほうがいいのではないでしょうか。


この本を読んで、結果的に投資をしない、という選択もありだと思います。

もちろん、実際に投資をしてみて、うまくいかないこともあるでしょう。

しかし、うまくいかないのもアクションを取ったからこそわかることです。

本文にも書きましたが、頭でっかちになって行動しない人より、大きな一歩を踏み出したといえます。

そうやってお金が増える仕組みを体感してもらえれば、「自分が本当にやりたいことに集中できる環境」に変わってきます。

その変化はいきなり起こるものではないかもしれません。しかし、一度現れると、それは一生ものの環境に変わります。一度きりの人生を最高のものにするためにも、ぜひ取り組んでもらえたらうれしく思います。


本書は、2017年に発行した『貯金ドリル』に設問を追加し、アップデートしたものです。


今回の出版にあたってお世話になった総合法令出版の皆さん、イラストレーターの和全先生（土屋和泉さん）、いろいろな注文に最大限に応えていただき、最高の著書となったことに感謝を申し上げます。

また、私のお金の師匠でもある竹井佑介先生。ここまで育てていただき、本当に感謝を申し上げます。

そして、本書が出版できたのも、これまでお金の分野での指導を受講いただいた皆さま、数多くの読者の皆さまがいてくださったおかげです。本当にありがとうございます。

最後に何より、お金も時間もなく、苦労を重ねているときに、何も言わずに私を支え続けてくれた家族に最大限の感謝の気持ちを伝えたいと思います。

いつもありがとう！

この本が、皆さんにとって、新たな一歩につながれば幸いです。

最後までお読みくださり、本当にありがとうございました！

2024年5月末

角田和将

＼ 本書をご購入の方全員に ／

お金を増やす動画を無料プレゼント！

本書をお読みになって、「お金を増やす『投資』を具体的に試してみたい！」という方に、特典動画をプレゼントいたします。

特典内容

デモ口座開設から取引まで一通りのやり方を動画で説明

ご希望の方は、次のアドレスへアクセス！

http://active-read.jp/book

問い合わせ先 info@active-read.com

角田和将（つのだ・かずまさ）

国際テクニカルアナリスト連盟認定テクニカルアナリスト（CFTe®）。

大学卒業後、システム開発会社でシステムエンジニアとして12年間勤務。FXで資産構築した後、独立。独立後、国内最大規模のオンライン投資スクールで認定講師として活動。1000名以上の受講生に対して、会社員時代の経験を活かした独自理論に基づく教育を行い、月収数十万円〜数百万円の利益を上げるトレーダーを多数輩出してきた指導実績を持つ。

現在は、投資の資金を確保するための初歩的な貯金関連の取材から、専門的なプログラミングによるトレード手法の開発、投資戦略フェアEXPOをはじめとした投資イベントでの講演まで、多岐にわたった活動をしており、主婦層から会社員、専業トレーダーと、幅広い層から高い評価を得ている。


著書『「○pipsを狙うなら、どのルールが良いのか」を徹底検証！　出口から考えるFX』（パンローリング）は、投資に最も役立った本を読者投票で選ぶブルベア大賞で、2019-20年に大賞を受賞。投資を始めるキッカケとなった速読分野では、発売から6カ月で10万部を超えるベストセラーとなった『1日が27時間になる！　速読ドリル』（総合法令出版）や『速読日本一が教える すごい読書術――短時間で記憶に残る最強メソッド』（ダイヤモンド社）などがある。著書累計は13冊34万部（2024年4月時点）を超えている。

●本書の内容は2024年4月現在の事実を基に作成しています。手数料・利率等の情報は予告なく変更される可能性があることをご了承ください。

●本書の情報については細心の注意を払っておりますが、正確性や完全性等については一切保証するものではありません。個別商品の詳細については、各金融機関等に直接お問い合わせください。

●本書に記載した情報や意見によって読者に発生した損害や損失については、発行者、発行所は一切責任を負いません。投資における最終決定はご自身の判断で行っていただきますようお願いいたします。

お金が増やせるのはどっち？

投資家思考の鍛え方

2024年6月24日　初版発行

著　者　角田和将
発行者　野村直克
発行所　総合法令出版株式会社
〒103-0001 東京都中央区日本橋小伝馬町15-18
EDGE小伝馬町ビル9階
電話　03-5623-5121
印刷・製本　中央精版印刷株式会社

ISBN 978-4-86280-949-0
総合法令出版ホームページ　http://www.horei.com/